T0207978

ME CONOZCO LUEGO EMPRENDO

Cómo transformar tu vida y crear un emprendimiento exitoso compartiendo tus dones y talentos.

LALY FERNÁNDEZ

BALBOA.PRESS
A DIVISION OF HAY HOUSE

Puede hacer pedidos de libros de Balboa Press en
librerías o poniéndose en contacto con:

Balboa Press
Una División de Hay House
1663 Liberty Drive
Bloomington, IN 47403
www.balboapress.com
1 (877) 407-4847

Debido a la naturaleza dinámica de Internet, cualquier dirección web o
enlace contenido en este libro puede haber cambiado desde su publicación
y puede que ya no sea válido. Las opiniones expresadas en esta obra son
exclusivamente del autor y no reflejan necesariamente las opiniones del editor
quien, por este medio, renuncia a cualquier responsabilidad sobre ellas.

El autor de este libro no ofrece consejos de medicina ni prescribe el uso de técnicas
como forma de tratamiento para el bienestar físico, emocional, o para aliviar
problemas médicas sin el consejo de un médico, directamente o indirectamente.
El intento del autor es solamente para ofrecer información de una manera
general para ayudarle en la búsqueda de un bienestar emocional y spiritual. En
caso de usar esta información en este libro, que es su derecho constitucional, el
autor y el publicador no asumen ninguna responsabilidad por sus acciones.

ISBN: 978-1-9822-4016-5 (tapa blanda)
ISBN: 978-1-9822-4018-9 (tapa dura)
ISBN: 978-1-9822-4017-2 (libro electrónico)

Número de Control de la Biblioteca del Congreso: 2019920850

Las personas que aparecen en las imágenes de archivo
proporcionadas por Getty Images son modelos. Este tipo de
imágenes se utilizan únicamente con fines ilustrativos.
Ciertas imágenes de archivo © Getty Images.

Información sobre impresión disponible en la última página.

Fecha de revisión de Balboa Press: 01/02/2020

CONTENIDO

DEDICATORIA

Que este libro te conecte con tu sabiduría interior y encuentres las herramientas necesarias para tu transformación y la creación de un emprendimiento que te permita crecer interna y externamente. Esto es apenas el principio.

AGRADECIMIENTOS

Quiero a agradecer con todo mi corazón:

A mi papá por transmitirme el amor por los negocios y motivar mi creatividad y curiosidad hacia el mundo espiritual.

A mi mamá por enseñarme los valores que me ayudan a cumplir mis metas y compartirme su amor por las letras y los libros.

A mis hermanos por ser mis mejores amigos y transitar juntos todos los desafíos que la vida nos presenta.

A mi esposo, por ser quien me da las fuerzas que necesito cuando empiezo a dudar, por ser mi principal soporte, y mi admiración y amor hacia él que se adapta a esta mujer que está en un cambio constante.

A mis hijos, que son mi principal motor en seguir creciendo y sanando internamente. Espero poder ser un ejemplo para ellos de "querer es poder" y que puedan comprender que todos estamos haciendo lo mejor que podemos con el conocimiento, las herramientas y el nivel de consciencia que tenemos. Que puedan ser libres y vayan a su propia vida.

A mis amigos, clientes, familiares, maestros y todos aquellos que me han ido mostrando y acompañando en este hermoso camino que tanto amo.

A Louise Hay, mi maestra. La primera en enseñarme a conocerme, valorarme, quererme y atreverme a ir por lo que mi corazón me pedía.

A todas las personas que hicieron posible que este libro hoy esté disponible para cualquier persona, viva donde viva.

A la vida toda, completa y perfecta como es. Por todo lo que viví hasta hoy y a lo que sigo viviendo y aprendiendo día a día.

Prólogo

Conocernos a nosotros mismos es el viaje fundamental de nuestras vidas, que nos conduce al encuentro con nuestro ser interior. En contacto con nuestro ser más auténtico recuperamos nuestro poder y dirigimos nuestra vida hacia donde realmente queremos.

Se requiere valor y humildad para observar lo que sucede dentro de nosotros. Ese contacto con nuestro interior es siempre iluminador, vamos abandonando el ego y deshaciéndonos de esos miedos que nos hemos autoimpuesto.

Tenemos que llenarnos de confianza para observar nuestras desilusiones, y llenarnos de amor para aceptar, perdonar y sanar.

Para ver lo más hermoso que hay en ti y descubrir la pasión y el propósito que ya vive en tu interior es necesario que sueltes todo lo que te hace creer que no vales lo suficiente y todo lo que te hace sentir que no eres libre de vivir la vida que sueñas para ti.

Iniciar el viaje del conocimiento interior significa muchas veces perderte para poder encontrarte y hacerte las preguntas más difíciles que quizás tendemos con frecuencia a evadir por temor a enfrentarnos con las respuestas. Significa, además, aceptar el vacío que puede surgir al desprenderte de todo lo que anteriormente creías sobre ti, basado en opiniones externas, para empezar entonces, a apreciar tu genuina identidad, esa que nace de tus propias experiencias.

Para emprender necesitas reunir suficiente valor para que puedas dejar atrás todo lo que te ha protegido y con lo que te has identificado hasta ahora. Una persona que se conoce a sí misma sabe lo que quiere y no abandonará nunca su búsqueda para responder a expectativas externas.

Encontrar un emprendimiento es entonces una búsqueda en pos de ti mismo. Se trata de un viaje en dos direcciones: una que explora tu interior y otro que explora las oportunidades del mundo exterior.

Vives, como todos, entre dos mundos. Está el mundo que surgió cuando tú lo hiciste, y que solo existe porque tú existes. Es el mundo interior de tu conciencia personal: de tus sentimientos, pensamientos, estados de ánimo y sensaciones. Junto a él, se halla el mundo que transcurre independientemente de tu existencia. Es el mundo externo de los demás, de los acontecimientos, circunstancias y cosas materiales. Estaba ahí mucho antes de que nacieras, y ahí seguirá mucho después de tu muerte. Y solo eres capaz de percibirlo a través de tu mundo interior. Lo percibes gracias a tus sentidos, y adquiere sentido a través de las ideas, valores, sentimientos y actitudes que configuran tu visión del mundo.

Para poder emprender, deberás explorar ambos mundos. Tendrás que determinar cuáles son tus talentos y pasiones, y afrontar de modo creativo las oportunidades que el mundo te ofrece.

Ese es el propósito que tiene *Me conozco, luego emprendo*. En este libro, Laly te invita a explorar tu mundo interior, a examinar tus creencias y a entender que son tus pasiones y tus dones las que van a darle un sentido a tu vida y hacer que tu emprendimiento tenga el sentido y el éxito que esperas de él, con un plan y estrategias adecuadas que podrás implementar a partir de la valiosa información que encontrarás aquí. ¡Solo tienes que atreverte!

Karim Temple

Londres, noviembre de 2019

INTRODUCCIÓN

"Los límites están en tu cabeza. No eres aquello que repite tu mente" – Laly Fernández

Hoy llego a ti con este libro que colma mi alma de alegría, ya que me a permitido unificar mi pasión por el despertar de la consciencia y los emprendimientos, dos cosas que creemos que van separadas, pero que ya verás, una no se puede separar de la otra.

Después de trabajar muchos años en mi propio emprendimiento, recibirme y ejercer como contadora pública, para luego descubrir y transitar por el hermoso mundo del *coaching* desde diversas miradas filosóficas, he descubierto un común denominador que se ha venido repitiendo durante años en mi vida y en mis consultas. La mayoría de las personas llegaban a mí con necesidades similares —enfocadas principalmente en la prosperidad— y expresiones como "me gustaría trabajar de lo que quiero", "no sé en qué emprender", "no sé para qué soy bueno", "quiero ganar lo suficiente para vivir tranquilo", "no soy feliz en mi trabajo", "soy mamá/papá y no tengo tiempo para mí, me siento frustrado", entre otros.

Me llamó la atención ver a tantas personas desconectadas de su propósito, trabajando para sobrevivir, sin disfrutar de su trabajo.

Eso que hacemos tantas horas al día, a muchos les resulta un fastidio.

También apareció el común denominador de atender a tantas personas olvidadas de sí mismas. Enfocadas solo en cumplir con las expectativas que tenían los demás acerca de ellas, pendientes de qué van a pensar si hacía una cosa u otra, enojadas con la vida, cansadas, tristes, vacías.

Pude observar que lo que me había sucedido a mí en un momento era algo que afectaba a muchos. Así que decidí organizar mis conocimientos, mezclarlos con mi experiencia y volcarlos en este libro para poder llegar a más personas que, como tú, están pasando por situaciones similares en que creen que no pueden, que no saben por dónde empezar, que no se sienten capaces o que quieren emprender, pero no saben en qué.

Aquí comienza tu aventura de conocerte, quitarte las creencias limitantes, descubrir tus pasiones, tus dones y convertirlos en tu principal fuente de ingresos, a través de un práctico y funcional plan de negocios. ¡Vamos a ponernos en acción!

Capítulo 1

Encontrarte contigo

¿Ya sabes qué es lo que colma tu alma de felicidad?

Quiero que empecemos por la parte más bella, que es conectar con nuestros sueños, con lo que realmente queremos y amamos hacer, lo que nos hace felices y colma nuestra alma. Esta parte muchas veces la tenemos olvidada o ni siquiera sabemos qué es.

Generalmente, estamos muy aturdidos con la rutina, las obligaciones y con dejar contentos a los demás. Vivimos evitando "el qué dirán"; preocupándonos por lo que hace o deja de hacer el vecino, el amigo, el pariente; atentos a lo que necesitan nuestros padres, nuestros hijos, nuestra pareja; pensando cómo hacer para llegar a fin de mes, etc.

En ese torbellino de ocupaciones de nuestra mente –en que muchas veces nos quejamos y malhumoramos– es donde perdemos el contacto con nosotros, con nuestro ser. Nos perdemos de definir bien qué es lo que queremos y cómo lo vamos a alcanzar. Nuestra excusa típica es 'no tengo tiempo' y así se nos pasan los días, los meses, los años y nos vamos dejando para el último lugar…

Pero a partir de hoy eso va a pasar a la historia. Si este libro llegó a tus manos es porque ya estás listo para reescribir tu vida y comenzar a vivir a tu manera.

Vamos a empezar por lo principal, que puedas establecer cuál es tu sueño, aquel sueño que, de hacerse realidad, cambiaría tu vida para siempre... Aquel sueño que te inspira a ser mejor persona y donde sientes que puedes transmitir fácilmente lo que más amas hacer.

Vamos a ir paso a paso sacando creencias y percepciones erróneas. Primero, es importante que puedas reconocer el sueño de tu alma, ese sueño que te colma de felicidad, pero que crees "imposible", porque te dijeron que 'de eso no se puede vivir', que era 'una locura', que tenías que continuar el legado familiar de ser profesional, que tenías que encargarte del negocio de la familia, que 'la gente como tú' se tenía que conformar con conseguir un buen empleo y poder mantenerlo, que un empleo es más seguro... ¿Sigo?, ¿estás en alguno de estos ejemplos?

Todas esas expresiones son creencias que se han formado por pensamientos repetidos desde nuestra niñez, que luego se transformaron en hábitos. Al observarlos en las actitudes y en la forma de vida de los adultos responsables de nuestro cuidado, los hemos incorporado en nuestro inconsciente como una realidad absoluta.

De esta manera es como se han ido formando las creencias, que son el cristal a través del cual vemos el mundo. Y cada uno de nosotros tiene un cristal distinto, que nos hace ver, pensar y creer cosas distintas de una misma situación.

Lo importante es que las creencias pueden cambiarse a través de cambiar nuestros pensamientos. Suena demasiado simple, ¿no? Claro, leerlo y decirlo es más fácil que hacerlo. Cambiar no es tan sencillo, requiere convencimiento, disciplina y constancia, habilidades que seguramente tú ya tienes, y si no, aquí las vamos a desarrollar. ¡Tú puedes!

Al respecto, una frase que me impactó y que me inspiró a ser fiel a mis sueños y a creer en ellos fue: "El Dios interior de cada cual, manifestación de la Gran Energía de Amor Universal, tiene anhelos y realizaciones propias que lograr a través de ti, pero descubrirlas es más difícil que realizarlas", del libro *El maravilloso universo de la magia*, de Enrique Barrios. Ese libro me acompañó desde mis 12 años y hasta el día de hoy lo releo para volver a centrarme en mi poder personal.

Un sueño es un anhelo que tiene tu alma de hacer algo trascendental, algo que cambiará tu vida y la de los demás. Es eso que solo tú sabes hacer muy bien y que sería muy egoísta que te lo guardes para ti mismo.

Un sueño se siente en lo profundo del pecho y es una fuerza que inunda todo tu ser cada vez que puedes verte o pensarte viviendo esa realidad. Es lo que te quita el sueño por las noches, imaginando todas las cosas bonitas qué harías cumpliendo tu sueño anhelado.

Hoy en día hay muchas personas que se han animado a salir del común para vivir de lo que aman: dibujantes, pintores, cantantes, músicos, escritores y expertos en orden, en cocina, en cocina natural, en *fitness*, en yoga, etc., etc., etc.

Internet ha permitido que muchos se atrevan a seguir su sueño; ha conectado a personas en todo el mundo y facilitado que puedan cambiar sus patrones de creencias acerca del trabajo.

Algo que genera Internet, en especial cuando realizamos investigaciones de mercado para ver lo que ya hay sobre lo que queremos hacer o para inspirarnos, es que muchas veces provoca esa sensación de que 'ya está todo hecho o todo inventado'. Si eso te pasa, recuerda que somos más de 7.347 millones de personas en el mundo, todas distintas, con gustos distintos y necesidades distintas. Tú tienes una manera única de manifestar tu don, tu talento. De esa gran cantidad de personas, un 33,33 % no te va a conocer, un 33,33 % no se va a interesar o no le va a gustar lo que haces y el otro 33,33 % está esperando lo que tú tienes para ofrecerles.

Estos porcentajes los puedes aplicar en función de la población donde quieres brindar tus productos o servicios, que puede ser el mundo, el continente, la población de habla hispana, tu país, tu provincia o tu ciudad. ¡Lo que tú elijas!

Volvamos a tu sueño y dejemos el *marketing* para después (yo me entusiasmo cuando empiezo a hablar de las infinitas posibilidades que tenemos para triunfar, tanto impulsados por nuestro sueño, como observando las posibilidades que hay afuera).

Ahora te voy a ayudar a que puedas conectarte con tu sueño y, para ello, te voy a guiar en una meditación. Las meditaciones son mi herramienta preferida a la hora de buscar respuestas, conectarme con mis sueños, buscar mi centro, crear mi nueva realidad, estar en silencio y otras situaciones que contaré más adelante, para que tú también puedas aprovechar todos sus beneficios.

Comencemos con la meditación. Busca un lugar cómodo y colócate en una posición en que puedas relajarte y concentrarte:

Toma una inspiración profunda y exhala por la boca, pronunciando un 'aaahhhh', dejando salir las cargas y las molestias que tengas en este momento. Repite esta acción dos veces más y retoma tu ritmo habitual de respiración. Tómate unos minutos para solo sentir tu respiración y enfocar tu atención en cómo ingresa y sale el aire a través de tu nariz. Ahora deja que tu cuerpo se relaje... Observa cómo se encuentra cada parte de tu cuerpo, desde los pies a la cabeza, y permite que tu respiración te vaya relajando cada vez más y más...

Ahora te invito a visualizar, imaginar, sentir o pensar que eres una persona completamente libre y que te han regalado la posibilidad de que elijas de qué manera quieres vivir. En donde te encuentras no hay limitación alguna, es un lugar donde puedes ser auténtica contigo misma, con lo que amas hacer. Es un lugar donde puedes hacer lo que quieras porque siempre estás a salvo y nadie juzga a nadie, pues todos son felices haciendo lo que aman. Estás llegando a ese lugar y puedes empezar a crear lo que tu alma hace tiempo viene pidiéndote... Comienza por elegir o construir la casa donde vives. Observa muy bien todas las características del hogar de tus sueños: ¿en qué lugar se encuentra?, ¿qué estilo tiene?, ¿de qué color es?, ¿cómo es el frente?, ¿en el patio hay mucho verde, plantas?, ¿tienes piscina?, ¿cómo está decorada por dentro?... Observa con atención cada detalle de tu hogar. Agrega y saca todo lo que quieras, recuerda que aquí todo es posible, no hay limitaciones.

¿Qué más tienes? ¿Tienes un auto?, ¿de qué color es?, ¿cuál es el modelo del auto que posees?, ¿vives solo o acompañado?, ¿tienes pareja?, ¿qué estilo de vida llevas?, ¿Tienes hijos?, ¿cómo te vistes?, ¿cómo es tu rutina diaria? Recuerda que eres libre y que creas lo que sueñas, así que permítete crear lo que realmente amas y te colma de felicidad.

Ahora, vamos a pasar a tu trabajo: ¿qué te encuentras haciendo?, ¿trabajas con personas adultas, con niños, al aire libre, en un comercio, en una oficina?, ¿dónde estás trabajando?, ¿cómo es ese lugar al que esperas con ansias ir cada día? Observa con atención cada detalle de tu espacio de trabajo y sigue... ¿Cómo se desarrolla tu jornada de trabajo?, ¿de qué manera compartes tus talentos?, ¿trabajas en solitario o en compañía?, ¿diriges tu propio equipo de trabajo?, ¿cuál es tu ganancia neta al año? ¡Tú puedes! No te quedes corto, en este lugar todo es posible y te mereces vivir feliz sin limitaciones, así que mejora esa suma… y para ello lo vamos a hacer más simple: ¿cuánto estás ganando por mes que te permite vivir en tranquilidad y sin preocupaciones?, ¿qué haces con el dinero que ganas?, ¿en qué lo disfrutas?, ¿viajas?, ¿estás colaborando con alguna asociación?, ¿compras cosas bonitas?, ¿sigues invirtiendo?… El dinero es una energía que fluye con nosotros en la medida que nos permitimos sentirnos merecedores y hacer lo que amamos. Permítete soñar y disfrutar de tu creación. Observa cómo te sientes en esta nueva realidad y continúa creando todo lo que quieres en tu vida…

Vas a tomar registro interno de todo lo que has vivido en esta meditación… Y muy lentamente vas a ir volviendo con tu consciencia al lugar donde te encuentras… Vas a conectar con tu cuerpo, con los aromas del lugar, con los sonidos…

Toma una respiración profunda y, cuando te sientas listo, comienza a tomar nota de todo lo que has visto, sentido y pensado.

Tómate tu tiempo para describir todo con el mayor grado de detalle posible, desde aquí vamos a partir, este será nuestro Norte, nuestra visión, nuestra inspiración hacia donde queremos llegar. Sin buscar la perfección, después quizás descubras que quieres hacerle algunas modificaciones, pero por ahora solo enfoca tu atención en lo que viviste y los sentimientos que te provocó.

Al final de la descripción agrega cuáles fueron las emociones y pensamientos que te invadieron durante la meditación, anota todos los que tuviste, tanto los de limitación, como los de esperanza y motivación.

Puedes acceder al audio de esta meditación en Lalyfernandez. com/libro

Los sueños del ego y del corazón

El primer paso ha sido escuchar a tu corazón a través de la meditación que has realizado. Es clave poder conectar con tu sabiduría interior, con ese lugar sagrado que visitamos tan poco y donde se encuentran las respuestas que necesitamos para nuestra vida.

Según el querido Dr. Wayne Dyer, Dios nos habla a través de nuestros sueños, de nuestras pasiones, de nuestros dones y talentos. Si laten dentro nuestro, si podemos sentir que vibran con fuerza queriendo manifestarse, es nuestra responsabilidad ponerlos al servicio de los demás, porque forma parte del plan divino y es necesario que los compartamos.

De allí radica la importancia de vivir una vida más consciente, donde podamos transformar esos dones y talentos en nuestra fuente de ingreso y contribuir con ese mundo mejor que todos queremos. Mi idea de un mundo más justo, por ejemplo, viene de la mano de los negocios (aunque te suene loco pensarlo así).

Imagínate que trasciendes tus miedos y creencias limitantes. Te atreves a emprender un negocio compartiendo eso que tanto amas hacer y comienzas a ganar dinero con ello. Cuando te encuentres vendiendo, estarás compartiendo con tu cliente lo mejor de ti mismo y eso llevará a que no solamente haya un intercambio de dinero; sino también, un intercambio energético donde ambos quedarán en una mayor vibración energética. Los dos se conectarán con una energía positiva y contagiarán a quienes los rodean con esa hermosa vibración.

Imagínate volver a tu hogar luego de un día con las altas y bajas que tenemos en cualquier negocio, pero con la satisfacción de estar haciendo lo que amas y que, gracias a ello, una fuente inagotable de creatividad y fuerza te guía día a día en tus decisiones. Siente dentro tuyo cómo sería una realidad así, donde te encuentres viviendo un círculo virtuoso, generando una vida próspera, consciente y con propósito. ¿No te parece que podríamos contribuir a sanar a nuestro mundo a través de nuestro negocio de esta manera?

Bien, vamos a continuar con tu trabajo interior. Para ello te cuento un poco más acerca de nuestros sueños. Es importante que puedas revisar tus sueños y descubrir cuáles son los que vienen desde el alma y si hay alguno que viniese desde el ego o la personalidad que te has formado en el transcurso de tus años de vida.

Los sueños del ego son aquellos que nos generan apego e identificación con el logro, es decir, cuando queremos lograrlo para "ser alguien" o para ser parte de algún estrato social. Los sueños del ego también pueden distinguirse porque se sienten, constantemente, como una carrera que tenemos que ganar, que estamos compitiendo con otros para ser mejores, para ascender, para diferenciarnos, para ser vistos. Aquí solo gana una parte, no importa si el otro sale perjudicado.

En los sueños del ego hay necesidad de admiración, aceptación, valoración, aprobación, amor. Se está buscando afuera algo que está dentro. Y, por último, algo no menos importante, una vez que alcanzamos un sueño del ego, hay una sensación de vacío.

En cambio, los sueños del alma o del corazón son aquellos que nos guían en nuestro camino de transformación, se enfocan en el compartir. Nos transmiten paz y alegría.

Los sueños del corazón multiplican los beneficios para ti y para quienes te rodean, generan un entusiasmo contagioso y se va disfrutando el proceso, comprendiendo que todo es parte del aprendizaje. Contrarios a los sueños del ego, los sueños del corazón, una vez alcanzados, generan una sensación de plenitud.

Veamos algunos ejemplos:

Sueños del ego: querer tener X auto para demostrar que yo puedo, que yo valgo. Elegir una carrera profesional por el *status* que me va a dar. Elegir a mi novio o novia por lo que tiene y porque quiero moverme en el ambiente que se mueve. Querer una casa grande para que los demás vean lo bien que me va.

Ejemplos de sueños del alma: querer vivir tranquilo, sin limitaciones. Querer tener un compañero o compañera de vida para compartir amor. Transmitir a los demás aquello que nos hace feliz.

Reconoce tus creencias limitantes

¿Qué son las creencias? Son pensamientos adquiridos a partir de la socialización y el aprendizaje. Tienen una fuerte carga afectiva que influye en nuestra conducta. Muchas de nuestras creencias vienen de la niñez y jamás las hemos cuestionado, por lo tanto, se convierten en decisiones y acuerdos tomados de forma inconsciente.

Algunas creencias limitantes con respecto al dinero podrían ser: 'el dinero no crece en los árboles'; 'hay que sacrificarse para poder vivir dignamente'; si alguien tiene dinero es porque 'algo habrá hecho' –a modo de juicio moral–; 'el dinero se gana con sudor' (es decir, con mucho esfuerzo); 'los ricos no van al cielo'; 'si no tienes una profesión eres nadie'; 'hay que tener empleo para tener estabilidad económica'... Y así podría continuar mucho más, pero creo que ya comprendiste la idea. Son todas frases que seguramente retumban en tu mente desde muy pequeño.

Estas creencias no son buenas ni malas. Lo que sucede es que las hemos incorporado como verdades absolutas y, en realidad, las creencias son dinámicas si nos permitimos flexibilizarnos e ir más allá de estas limitaciones tomadas como reales.

Son las creencias las que empañan nuestra percepción de la realidad, a través del juicio sobre lo que está bien y lo que está mal. Aquí radican las discusiones, peleas e, inclusive, las guerras, porque cada uno quiere tener la razón y defender su percepción acerca de la realidad. Si sacamos el prejuicio formado por todas las creencias humanas, seríamos capaces de ver la realidad tal cual es. El libro *Un curso de milagros* es muy claro y simple con respecto a este tema, tan solo hace que te plantees la siguiente pregunta: ¿quieres ser feliz o tener la razón?

Tampoco podemos juzgar a los mayores que nos han criado e inculcado estos valores, ya que, en función a cómo ha sido su propia historia, han recibido y forjado dichas creencias que, en su momento, han sido perfectas y los han ayudado a sobrevivir. Para ti estas creencias ya no son útiles; la realidad de hoy es muy distinta, la velocidad en la que suceden las cosas y las posibilidades de vivir de lo que amamos son muchísimo más altas que antes.

Estamos en la era de la información, donde ya no necesitamos ser parte de una máquina que produce de manera rutinaria. La información y la tecnología nos han abierto otro mundo. La gran oferta de productos y servicios de lo más variados, la extensión en la esperanza de vida promedio y la mejora en la calidad de vida que hoy podemos llevar, han cambiado la regla de juego para todos.

Hoy tienes la posibilidad de elegir qué, cómo y dónde quieres trabajar, cuánto ganar y enfocarte en el logro de tu objetivo, desde dentro y desde afuera. Desde dentro, conociendo dónde están tus temores, cuál es tu zona de confort, cuáles son tus creencias restrictivas, qué patrones de conducta te han permitido mantenerte "seguro" y, fundamentalmente, cuáles son tus verdaderos sueños, esos que vienen de lo profundo de tu alma.

Por otro lado, desde afuera, el mercado está listo para recibirte con tus talentos y dones para compartir. La demanda se ha puesto muy exigente y quiere conectar con lo que va a comprar, quiere empatizar con quien le vende el producto o servicio, quiere servicios de valor agregado que lo hagan sentir único y especial. Aquí es donde entras tú.

Te invito a que puedas conocerte más y completes el anexo siguiente sobre tus creencias. Recuerda que acá no hay juicio, permítete ser sincero y conectarte realmente con lo que piensas y sientes, con lo que crees real y lo que te está limitando a vivir la vida que quieres vivir.

DINERO: _____
_____
_____

TRABAJO: _____
_____
_____

ÉXITO: _____
_____
_____

RIQUEZA: _____

FRACASO: _____

SACRIFICIO: _____

EMPRENDER: _____

EMPLEO: _____

FAMILIA: _____

SOLTERÍA: _____

En nuestra vida se repiten experiencias que afianzan nuestras creencias, pero no es porque eso sea 'verdad' o porque esa sea 'la realidad', sino que reproducimos en nuestra vida aquello en lo que creemos, aquello en lo que enfocamos nuestra atención.

Esto nos enseña la ley de causa y efecto. Es la famosa ley de atracción, que ha sido explicada por gran cantidad de autores y que hoy está siendo comprobada por la física cuántica a través de diversos experimentos.

Nuestro inconsciente es quien ha venido gobernando nuestra vida. Nuestro libre albedrío o nuestro consciente, es tan solo entre un 3 y un 5 % del total utilizado de nuestra mente. Es decir, que los eventos que nos creamos, no lo hacemos de manera consciente.

Esta quizás sea la parte más difícil de comprender si estás comenzando con tu autoconocimiento. Así que no te asustes ni te desesperes por lo que estás leyendo. A mí también me pasó esto de no comprender y no creer que la realidad era creada por mí... Me enojaba conmigo misma: ¿cómo era posible que yo me estuviese creando deudas en mi vida? ¿Cómo podía ser posible que yo quisiera estar tan mal con mis padres y con mi esposo? Yo que era 'tan buena' y solo quería que todo estuviese bien.

Te lo voy a explicar siguiendo con el ejemplo de mi vida. Conscientemente, yo quería estar bien con mis padres, tener una buena relación con mi marido, no tener deudas financieras, vivir de manera próspera y feliz... ¿Acaso no queremos todos vivir así?

Sin embargo, inconscientemente, mis creencias, esos pensamientos constantes y automáticos que en ese momento no tenía en cuenta, eran:

- No soy lo suficientemente buena para mis padres. No logro hacer que se sientan orgullosos de mí. No puedo hacerlos felices. Me casé y fui madre antes de recibirme de contadora, soy una vergüenza para la familia. Encima no paro de tener hijos, ¡qué vergüenza!
- Tengo que salvar a mi marido. Él no puede tomar decisiones correctas sobre el negocio. Nos está llevando a

la quiebra. Estoy cansada de las deudas y de correr con el banco. ¿Hasta cuándo va a durar esto?

- Si hago lo que los demás están esperando de mí, todo va a estar bien.
- Tengo que sacrificarme más para lograrlo. Lo que hago no es suficiente. No alcanza. A los otros les va bien de manera fácil, pero a mí no. Todo me cuesta el doble.

Sí, así estaba. Completamente negativa, aterrada, avergonzada de mí misma, exigiéndome hasta el punto de que mi salud se empezaba a deteriorar. En ese momento, recuerdo que incluso llegué a pesar 54 kilos, menos de lo que pesaba a mis 15 años.

¿Por qué te cuento esto? Para que puedas ver la diferencia entre lo que yo estaba queriendo de manera consciente (salir de las deudas, estar bien con las personas que amaba, etc.), mientras dentro mío, mi ser estaba vibrando todo lo contrario. Mis creencias, mis pensamientos y mis emociones, me llevaban a que esos patrones dolorosos se siguieran repitiendo, a pesar de que quería otra realidad.

Y esto es lo que les sucede a muchas personas que quieren implementar la ley de atracción para sus vidas y no comprenden que aplicarla es algo mágico, pero también algo que nos lleva a un profundo cambio interior, si realmente queremos manifestar esa nueva realidad.

Espero haberte ayudado a comprender un poco estos conceptos, que fueron los que, en su momento, más confusión y enojo me traían.

Es importante también que comprendas que nadie quiere enfermarse porque 'es lindo enfermarse', o vivir sin dinero porque 'es más divertido esforzarse para tener algo', o vivir una relación violenta porque genera más adrenalina. Antes creíamos que eso era nuestro destino, nuestra cruz, que éramos indefensos y víctimas de la situación.

Ahora, el hecho de tener acceso a tanta información disponible a nuestro alcance, nos da el poder y la responsabilidad de tomar el timón de nuestra vida. Hoy ya no somos víctimas de lo que nos sucede (aunque a algunos todavía les enoje esto). Hoy tenemos las herramientas a nuestro alcance y podemos iluminar con conocimiento esa información inconsciente que ha llevado nuestra vida a experiencias dolorosas o no gratas.

Para que puedas conocerte un poco más y comprender por qué te encuentras viviendo las experiencias que estás viviendo, te invito a llevar un registro diario de las emociones, pensamientos y situaciones que vives. Dónde lo sientes en tu cuerpo. Qué sueños tienes durante las noches. Creo que puedes sorprenderte de lo mucho que aprenderás acerca de ti mismo realizando este simple ejercicio.

ATRÉVETE A HACER EL CAMBIO Y CUMPLE TUS SUEÑOS

Tus creencias y tu niño interior

Desde el momento que decidimos venir a este mundo, nuestra alma elige a los padres perfectos y a la familia perfecta para aprender lo que necesita y continuar su camino de evolución.

Si no tienes recuerdos lindos de tu niñez o la relación con tus padres es un desastre, seguramente leer estas palabras te generará bastante incomodidad. Lo único que te pido es que continúes leyendo, aunque sea enjuiciando todo lo que leas. No importa. Quizás, en otro momento tu mirada hacia lo que aquí te cuento sea diferente. Te aseguro que cuando logres integrar en tu corazón a tu historia tal como fue y a tus padres tal como son, el éxito y la prosperidad entrarán a tu vida.

Como te decía, elegimos a nuestros padres. Incluso, desde antes de que seamos engendrados, todo lo que sucede durante el embarazo de mamá nos afecta y va a formar parte de la personalidad que tendremos en nuestra vida.

Hay diversas teorías respecto de la formación de nuestro inconsciente y que son aplicadas por terapias como biodescodificación, constelaciones familiares, PNL, *coaching*, entre otras.

Así tenemos, por ejemplo, la explicación del proyecto sentido, que habla de que somos el proyecto de alguien, de nuestros padres y demás antepasados. Hay un motivo consciente e inconsciente por el cual somos concebidos y esto hace que el sentido de nuestra vida gire en torno a esto.

Por otro lado, encontramos el guion de vida, que lo establecemos nosotros mismos en nuestra infancia. Esto es, todo lo que vivimos desde que nacemos hasta aproximadamente los 5 años de edad.

Según el análisis transaccional de Eric Berne, todas las decisiones que afectan a nuestra vida las hemos tomado hasta la edad de los 5 años, lo cual es llamado "guion de vida" y sería como el argumento preestablecido de una obra dramática que nos sentimos obligados a representar, independientemente de si nos identificamos o no con el personaje. Así, cuando estamos representando un guion, lo que hacemos es actuar según la definición del personaje que ha sido escrito por otro.

Según las investigaciones llevadas a cabo por Berne en su experiencia como psicoterapeuta, el guion de vida lo establecemos durante la infancia, bajo la influencia, sobre todo, de los padres y otras figuras parentales. Dicho guion se va reforzando por las diferentes experiencias y acontecimientos que vamos viviendo a medida que crecemos.

Es decir, todo lo que le sucede a nuestra madre, desde cómo se ve a sí misma, lo que siente del embarazo, si hemos sido un bebé deseado o no, si intentaron abortarnos, si mamá es violentada verbal o físicamente, y todo lo que ocurre en este período, pasa a formar parte de nuestra historia personal, de nuestra formación psíquica.

Además de ello, también recibimos, a través del ADN, toda la información de nuestro árbol genealógico. Toda la historia familiar corre por tu sangre e influye en la formación de tu personalidad y en tu toma de decisiones.

Luego, las condiciones en las que hemos nacido, si nuestra madre ha sufrido en el parto, si se complicó, si fue forzado, etc. Así como también, nuevamente, las emociones que tuvo mamá sobre nosotros, sobre su cuerpo, su seguridad acerca de cómo cuidarnos, si fuimos tenidos en brazos y mimados, si nos recibieron con palabras de bienvenida o si llegamos a un ambiente hostil donde debíamos permanecer en la cuna, lejos del calor de mamá, si nos dejaban llorar toda la noche 'para que no tuviéramos mañas', si nos zamarrearon porque no comprendían por qué estábamos llorando. Todo lo que nos ha sucedido forma parte de nuestra formación psicológica, de nuestras creencias, de nuestra visión de la vida.

Todo lo que vivimos durante nuestra niñez creemos que es único y que así es la vida real. Por ejemplo, en función a cómo vimos que nuestros padres se relacionaban con el dinero, creíamos que así era la realidad. Si eran padres que repetían que 'el dinero nunca alcanza', seguramente tú crees que el dinero es algo escaso en tu vida. Si tus padres se relacionaban de manera violenta y se faltaban el respeto, puede que tú creas que las relaciones son eso. O quizás no lo creas así, porque rechazas tu crianza, pero ¡oh, casualidad!, solo atraes personas que te faltan el respeto…

Imitamos a nuestros padres, luego los rechazamos, nos creemos mejores y resulta que la vida nos da varios reveses para que dejemos el juicio hacia ellos y hacia nosotros mismos; que integremos las cosas tal como son, aceptemos, sanemos y sigamos en nuestro crecimiento.

Así que lo que me interesa es que puedas conectar con tu niño interior, desde el lugar de reconocer tu historia, para poder reconocer los mensajes que han quedado en tu inconsciente, los pensamientos que se han formado, las emociones que te han marcado y que se repiten en tu adultez.

Comienza por escribir la historia de tu niñez, tal como la recuerdes. Escribe todo lo que sientas que necesitas escribir. Conecta con el lugar donde vivías, las personas que cuidaban de ti, cómo te sentías, qué era lo que hacías de pequeño, cómo te divertías, si hubo alguna o algunas situaciones que te marcaron dolorosamente, cómo era la relación de tus padres, cómo hablaban los adultos que te rodeaban acerca del dinero, del trabajo, del éxito. Todo lo que recuerdes será de mucha utilidad.

Te invito a que puedas realizar este ejercicio observando alguna foto de cuando eras pequeño, o algún juguete que te haya gustado mucho, para que puedas conectar con tu niño interior.

Te mereces este momento a solas contigo, un momento de recogimiento y escucha interior. Un parar del ruido de la rutina para realizar estos ejercicios. Puedes regalarte alguna música suave para escuchar y encender un sahumerio que te guste; de esta manera permitir que todos tus sentidos se sumerjan en el trabajo que estás realizando.

Cuando culmines de escribir tu historia, mantente en conexión con tu niño interior y hazle estas preguntas:

- ¿Qué es lo que te gusta?, ¿lo que te hace feliz?
- ¿Qué es lo que no te gusta?
- ¿Qué es lo que te asusta?
- ¿Cómo te sientes?
- ¿Qué es lo que necesitas para estar bien?
- ¿Qué puedo hacer para que te sientas seguro?
- ¿Cómo puedo hacerte feliz?

Estas preguntas te servirán en cualquier momento de tu vida para comprender que muchas reacciones impulsivas o temores vienen de recuerdos de situaciones vividas en tu niñez. Tu reacción va a continuar siendo la de un infante si no te posicionas en tu adulto y buscas resolver las situaciones que se te presentan con las herramientas y condiciones con las que cuentas ahora.

Descubre tu misión en esta vida

Muchas veces creemos que es algo difícil o que nos va a llevar mucho tiempo llegar a descubrir cuál es nuestra misión de vida. Nos preguntamos cuándo nos tocará darnos cuenta o cuándo aparecerá el maestro que nos diga "tú tienes que...", para saber qué es lo que tenemos que hacer y listo. O también suele suceder que queremos hablar con algún médium o vidente que nos oriente para ver cuál es nuestro camino, y qué es lo que tenemos que hacer para poder sentirnos completos y bien.

Pero la cosa no funciona así, es más simple de lo que crees. Fundamentalmente, no necesitas a nadie externo, sino que las respuestas las tienes dentro tuyo y la misión de vida es la que puede transformarse en tu medio de vida.

Tu misión es compartir tu don o talento con el mundo.

Ahora, vamos por parte. Veamos qué es un don y qué es un talento:

Don: algo con lo que se nace. No se necesita esfuerzo para hacerlo. Cualidad o habilidad que alguien posee.

Talento: especial capacidad intelectual o aptitud que una persona tiene para aprender las cosas con facilidad o para desarrollar con mucha habilidad una actividad.

Conociendo el significado de estos conceptos podemos observar que un don puede transformarse en talento cuando se lo desarrolla y aplica en la vida.

También puede suceder que prospere un talento a través del esfuerzo, la práctica y la constancia, aunque se haya nacido sin el don. Por ejemplo, un jugador de básquetbol que mida 1,85 m —que para este deporte, a nivel profesional, es una estatura baja— y se destaque en este juego.

Otro caso posible, puede ser nacer con un don y "dejarlo durmiendo", es decir, no utilizarlo ni compartirlo por miedo u otra limitación personal.

Entonces, ¿de qué te sirve tener una voz privilegiada, si te mantienes de 8 a 10 horas diarias detrás de un escritorio en una oficina? ¿De qué sirve tener manos hábiles e imaginación para crear fabulosas historias, si te pasas el tiempo en Tribunales porque te dijeron que ibas a ganar más dinero siendo abogado? O quizás, tienes una capacidad innata para hacer reír a los demás, se te ocurren cosas disparatadas de la nada y podrías alegrar la vida de muchas personas, si no fuera porque te dedicas a viajar para una compañía y casi no tienes tiempo de estar en tu casa con los tuyos… Los ejemplos de dones y habilidades innatas son infinitos, y pasan desapercibidos porque es tan fácil y natural para nosotros hacerlo que nos parece raro ganar dinero con "eso".

Muchas veces se confunde al don con algo súper raro que les ocurre a algunos pocos, como algún deportista famoso, un cantante que tuvo éxito o un millonario genio para los negocios. Esos "elegidos" que tuvieron "suerte"… Pero la realidad es muy distinta.

Te invito a leer cualquier historia de un ídolo que tengas, del área que sea y observarás que todos tuvieron que esforzarse y golpear muchas puertas para llegar a ser lo que son. Atravesaron rechazos, vivieron fracasos y situaciones dolorosas o humillantes, pero, sin embargo, se supieron mantener firmes y confiar en lo que les decía su interior.

Quiero ejemplificar este tema con mujeres que triunfaron compartiendo su don, atravesando muchas dificultades sin darse por vencidas:

Oprah Winfrey- Conductora de TV

Nació en una familia muy pobre, fue abusada de pequeña y se convirtió en madre adolescente. Sin embargo, eso no la detuvo y hoy es la conductora del *talk show* más popular del mundo.

Joanne Rowling- Escritora

Madre soltera que fue rechazada por doce editoriales. Es la autora de *Harry Potter*. La marca Harry Potter se valúa en más de 13 mil millones de dólares.

Louise Hay – Autora

Tuvo una niñez plasmada de abusos. A sus 45 años comenzó a estudiar la Ciencia de la Mente (la iglesia de la Ciencia Religiosa) y, a partir de los 50 años, publicó su primer libro, sanó su cuerpo trabajando con las afirmaciones, fundó Hay House. Vivió según sus enseñanzas.

¿Ya te has preguntado cuál es tu don o talento? Te ayudo un poquito: observa cuál es la actividad que realizas en que tu consciencia se vuelve atemporal, es decir, que no percibes el pasar del tiempo, que estás haciéndolo con tanto amor que cuando miras el reloj no puedes creer que hayan pasado tantas horas, mientras que tú sientes como si recién hubieras comenzado. Es esa actividad que te emociona tanto realizar y que te hace sentir entusiasmado, lleno de vida y feliz. Puede ser una o varias. Haz una lista.

También podrías hacer una lista de aquellas cosas que haces bien y que das lo mejor de ti sin esfuerzo (puede que se repitan cosas de la lista anterior).

¿Se va aclarando un poco la idea de tu misión? Te ayudo a profundizar un poco más:

- Observa qué es lo que amas hacer. Eso que, cuando lo haces, te sientes contento, realizado, completo.
- ¿Qué es lo que las personas reconocen en ti como habilidad? ¿Cuál es esa cualidad que notas que atrae a las personas para que tú las ayudes, las aconsejes, las inspires?
- ¿En qué actividad sientes que das lo mejor de ti mismo?
- ¿Qué tipo de libros y revistas lees?, ¿qué sitios son los que más te atraen en Internet?
- Ahora quita todas las limitaciones de tu mente e imagina que tienes garantizado el éxito realizando cualquier actividad que quieras. ¿A qué te dedicarías?

Nos hemos educado bajo la premisa que los recursos son escasos, que debemos competir para obtener más y que si tenemos todo lo que queremos, vamos a ser felices. Pareciera que el guion de vida de muchos de nosotros fuese nacer, crecer, estudiar 'para ser alguien', conseguir un buen empleo, obtener tu coche, tu casa, formar tu familia, viajar durante las vacaciones hacia donde te permita el bolsillo, comprar lo que puedas para vestir bien y tener una casa linda, tener una jubilación digna para no andar mendigando a los hijos y morir... Un poco patético para mi gusto y totalmente desmotivador.

Esas premisas nos han convertido en una sociedad fría, una sociedad que no cuida su hábitat, que no cuida al prójimo. El principal objetivo es tener más de todo y principalmente más dinero, como si el dinero fuese la solución a todo.

Así es como a ciertas fábricas no les importa producir alimentos químicos que nos enfermen, contaminar la tierra y los ríos. Algunos productores agrícolas también quieren mejorar su rentabilidad, así que todo químico destructor de plagas y que permite extender la vida de sus cosechas es utilizado, a pesar de que su uso contamine a personas, tierras, la producción y, lo peor de todo, destruya el equilibrio natural del ecosistema.

Se desmontan bosques, montes, montañas completas, reservas naturales, todo en pos de la producción. Una producción salvaje que nos envenena por dentro y por fuera, destruyendo nuestra Tierra, el lugar que nos permite mantenernos con vida y que nos brinda todo sin que tengamos que hacer tanto esfuerzo. Pero no podemos verlo, porque la lechuga que crece fácilmente en la tierra, ya no nos alcanza… Nos volvimos voraces, insaciables, irrespetuosos, totalmente desconectados de nuestro ser y de nuestra función en la Tierra.

Por suerte, hay muchos grupos de personas que están tomando consciencia y cambiando su modo de vida. Algunas de estas personas crean comunidades por fuera del sistema, otras se agrupan y se apoyan dentro del mismo sistema y van contagiando, a través de su ejemplo, un nuevo estilo de vida.

Y aquí también entra lo que tú quieres hacer: conocerte, encontrar tu misión, darle un sentido a tu vida y que no sea solo trabajar para "sobrevivir".

ME CONOZCO LUEGO EMPRENDO

Al poner nuestro don o talento al servicio de los demás, la prosperidad y el éxito se hacen presentes en nuestra vida. Ese sentimiento de plenitud y felicidad que te provoca hacer esa actividad, que es tan simple de realizar para ti, genera que mantengas una vibración energética elevada, y esa vibración es la que atrae cosas maravillosas a tu vida.

Ese don o talento que tú tienes es único, aunque me digas 'pero hay un montón que hacen lo mismo que yo'. Sí, puede ser que otros tengan una habilidad "similar" a la tuya, pero tú tienes una manera única de decirla, hacerla, compartirla y hay personas que están necesitando "tu manera" de hacer eso. Y mi objetivo aquí es que puedas crear tu emprendimiento en función de lo que descubras sobre tus dones, talentos y habilidades.

Como ya vimos, compartir tu don o talento te produce alegría y plenitud, pero con esto no quiero decirte que todo vaya a ser simple y fácil... ¿A qué me refiero? Para lograr cumplir todo lo que te propongas tendrás que desarrollar y aplicar las siguientes fortalezas internas:

- Constancia
- Paciencia
- Perseverancia

Una de las razones por las que debes ser constante, paciente y perseverante, viéndolo desde un punto de vista metafísico, es que el Universo necesita estar seguro de que quieres ir por ese camino. Como somos bastantes inseguros y cambiantes, en especial cuando se trata de salir de nuestra zona de confort, el Universo te va a ir dando pequeñas muestras de lo que puedes conseguir y luego vendrán "las pruebas", es decir, situaciones donde pierdes lo que conseguiste, o cambia el escenario por otro que no te esperabas,

27

o se te presenta una oportunidad para un súper empleo de lo que antes hacías... Entonces te hace dudar. Todo esto es para afirmar que realmente es lo que quieres y que estás en el camino que te planteaste al principio. A mayor seguridad interior, mayor manifestación de nuestros sueños y mayor prosperidad.

Otra de las razones, ahora planteándolo desde un punto de vista comercial, es que todo emprendimiento requiere de un tiempo de maduración para volverse rentable. En el comienzo se conoce la necesidad específica del cliente ideal, se prueban distintas maneras de concretar la venta del producto o servicio, se conoce el mercado en sí (competidores, proveedores, clientes), se capitaliza tanto en activos, como en conocimientos y relaciones con clientes, proveedores y competencia que ayudan a seguir creciendo y fortaleciendo el emprendimiento. También puede ser que llegue un punto donde se necesite incorporar personal para empezar a delegar actividades... y así, el aprendizaje continúa siempre. Ya vamos a adentrarnos más adelante en este proceso.

Recapitulando, ya has revisado tus creencias limitantes, has conectado con tu historia y escuchado a tu niño interior, te has atrevido a soñar y ver qué es lo que te haría feliz y, por último, has descubierto cuál es tu misión de vida.

Si no has logrado identificar tu don o talento y tu misión, tranquilo. Este es un primer paso, una primera lectura, un comienzo. En este punto ya has dado la orden al Universo de que quieres un cambio, de que estás listo. Está atento a las señales. Obsérvate. Transfórmate en observador sin juicio y podrás ir completando los puntos que hayan quedado pendientes.

Recuerdo que cuando yo comencé con este proceso de conocerme y descubrir para qué estaba aquí, por qué no era feliz, etc., etc.,

etc., me llevó un tiempo bastante considerable poder descubrir cuál era mi don. Al igual que tú, quería que ese don fuera algo "mágico", "importante", "sorprendente", que nadie lo tuviera. Quería sentirme especial debido a mi baja autoestima. No estaba lista todavía para escucharme. Tenía mucho ruido de opiniones de la gente, me importaba mucho lo que opinaran de mí y basaba mi imagen personal en función de lo que los otros me decían... Y bueno, era lo mejor que podía hacer en ese momento. Sí me felicito por haberme mantenido firme en que realmente quería escucharme y conocerme. Quería descubrir para qué era buena y cómo podía hacer algo en lo que me sintiera plena y feliz.

Luego de un proceso bastante fuerte, donde mis creencias se derrumbaron a la fuerza –soy muy terca–, el Universo comprendió que estaba lista para el cambio, pero era demasiado porfiada y no soltaba mis viejas creencias y prejuicios, así que me ayudó a través del dolor. Tuve que transitar por un período donde todo lo que creía se desmoronaba, donde por fin dejé salir todo –o una gran parte– el enojo que tenía dentro mío.

En esa época, trabajaba en mi negocio, estudiaba para recibirme como contadora y tenía a mis tres hijos más grandes, que en ese momento tenían 7, 5 y 3 años. Mi esposo viajaba todo el día y a veces no regresaba por las noches porque estaba muy lejos.

Recuerdo que pasaba mucho tiempo armando presupuestos y procedimientos para organizar el crecimiento que estaba teniendo nuestra empresa. Pensamiento de contadora, más enfocado en achicar gastos, no arriesgar tanto. Tenía mucho miedo y sentía mucha presión por las deudas, por la cantidad de personas que dependían de nosotros, por los errores que había en la facturación, porque las cuentas corrientes no paraban de crecer y no ingresaba suficiente dinero para cubrir los compromisos.

Era ir todas las mañanas a hablar al banco, conseguir quién nos iba a prestar dinero, pagar tasas altísimas de interés y sumado a todo ese contexto, un "amigo" en quien habíamos confiado y a quien habíamos ayudado a desarrollar su negocio en otra ciudad, nos estafó. Nos pagó con cheques sin fondos, lo que profundizó el contexto financiero negativo que veníamos viviendo.

Me sentía perdida, enojada, frustrada. Todo lo que le decía a mi esposo que podíamos hacer para salir de esa situación no era tenido en cuenta. No me escuchaba. Y yo tampoco lo escuchaba a él. Pasamos de ser socios que confiábamos uno en el otro, a mirarnos como enemigos.

De solo estar escribiendo estos renglones, puedo sentir cómo se me cierra el pecho por la angustia y se endurece mi estómago, recordando esos momentos tan difíciles… Fue un período donde estuvimos separados, también me había peleado con mi padre y lloraba a escondidas porque no quería que mis hijos me vieran así.

Sumado a toda esta situación que estaba viviendo, también venía la culpa y la vergüenza, porque ya estaba dirigiendo *workshops* de la filosofía de Louise Hay y trabajando con mis afirmaciones. No podía comprender porqué estaba viviendo tanto caos en mi vida. Todo me hacía dudar acerca de si este era realmente mi camino o no.

Hoy puedo comprender que fue un período necesario de transitar, fue un soltar real, un desapego a las expectativas y los resultados, un dejar de querer controlar mi entorno y aprender a escuchar y ver las señales que estaban por todos lados.

Luego de ese período, comencé a profundizar mis estudios para aprender más herramientas de autoconocimiento y crecimiento personal. Profundicé mi práctica de meditación y logré el hábito de meditar todas las mañanas. Trabajaba diariamente con las cartas como oráculos y escribía todo lo que vivía en mis cuadernos de trabajo personal. Sin darme cuenta, todo eso me ayudó a descubrir para qué era "buena". Te comparto las señales que identifiqué:

- Noté que amigos y familiares me pedían opinión acerca de negocios.

- En las conversaciones con cualquier persona, siempre que salía el tema de alguna idea de negocio, automáticamente me sentía inspirada y comenzaba a intercambiar propuestas que la otra persona me agradecía.

- Me asombraba —y aún me asombra— ver cuánta gente no es feliz en su trabajo y lo continúa realizando porque cree que es lo único que le permite ganar dinero para vivir.

- Encontrarme con alguien apasionado por lo que hacía me inspiraba a comprarle y a intercambiar ideas para su negocio.

- Noté que una de mis fortalezas era realizar lluvia de ideas para crear distintos negocios y ordenar la información estratégicamente para llevarlo a cabo.

- Descubrí que cuando me encontraba armando una estrategia, un plan de negocio o analizando números para evaluar la factibilidad de un proyecto, el mundo desaparecía, no había más tiempo. Solo quería hacer eso, me sentía feliz, quería culminarlo para tener el panorama listo en mi cabeza y ¡más feliz era cuando lo podía compartir!

- Me planteé que quizás por ese amor hacia la creación de negocios había elegido ser contadora pública.

- Esto era algo que no me costaba nada, me parecía súper fácil y creía que todos tenían esa misma facilidad para ver lo que yo veía. Luego me di cuenta que no, que no todos veían lo que yo y quizás por allí iba mi misión, esto era lo que tenía que compartir.

¡¡¡Y aquí estoy!!! Escribiendo este libro para ayudarte a ti a conocerte y emprender desde lo que más amas hacer. Quiero brindarte herramientas internas (autoconocimiento, afirmaciones, meditaciones, etc.) y externas (estrategias, plan de negocios, planificación efectiva) para que puedas vivir de lo que amas, ser libre y feliz. ¡Se puede! ¡Claro que sí! Por eso estás leyendo este libro.

CUANDO ALINEAMOS NUESTRO CORAZÓN CON NUESTRO PROPÓSITO, LA MAGIA COMIENZA A SUCEDER

Capítulo 2

COMENZANDO LA TRANSFORMACIÓN

La meditación como herramienta fundamental de cambio

La meditación es una práctica en la cual el individuo entrena a la mente o induce un modo de consciencia, ya sea para conseguir algún beneficio, para reconocer mentalmente un contenido sin sentirse identificado o como un fin en sí mismo.

El término meditación refiere a un amplio espectro de prácticas que incluyen técnicas diseñadas para promover la relajación, construir energía interna o fuerza de vida (Qì, ki, chi, prāṇa, etc.) y desarrollar compasión, amor, paciencia, generosidad y perdón. Una forma particularmente ambiciosa de meditación tiene como fin conseguir sostener la concentración en un punto sin esfuerzo, enfocado a habilitar en su practicante un estado de bienestar en cualquier actividad de la vida.

"La meditación es fundamentalmente una experiencia no teórica. Durante la práctica de la meditación te sensibilizas a la experiencia real de la vida, al modo en que realmente se sienten las cosas. No se trata de que te sientes a tener pensamientos sublimes sobre la vida, de lo que se trata es de vivir, mejor dicho, aprender a vivir" – Gunara. "La meditación es una experiencia simple que en la práctica origina conexión con lo sagrado y la convierte en una experiencia deslumbrante y milagrosa. Una experiencia de total poder" – María de los Ángeles Segovia.

En Occidente se relaciona a la meditación con la reducción del estrés y otros beneficios que la ciencia ha comprobado. En Oriente, la meditación se utiliza como práctica espiritual para poder ver la realidad más allá del "velo de Maya" y entrar en el campo de la potencialidad pura, donde tenemos el poder y la posibilidad de crear nuevas experiencias.

Las técnicas meditativas son numerosas, aunque la meditación es una. Meditación es estar atento y ecuánime. Hay métodos de todo tipo. Su común denominador es "meditación". Es tu actitud la que cuenta, tu trabajo interior, tu motivación, tu energía y tu resolución.

La meditación tiene múltiples beneficios en nuestro cuerpo, mente y alma:

- Mejora la salud en general
- Refuerza el sistema inmunológico
- Reduce la tensión alta o hipertensión
- Ayuda en la reducción y gestión del estrés, la ansiedad, la preocupación y la depresión. Está demostrado que las personas que meditan tienen los niveles de cortisol —la hormona del estrés— significativamente más bajos que las personas que no lo hacen
- Ralentiza el proceso de envejecimiento, favoreciendo la juventud tanto física como mental y el envejecimiento

saludable. Estudios científicos certifican que las personas que meditan tienen los niveles de la hormona DHEA significativamente más altos que los que no meditan

- Contribuye a la pérdida de peso natural y a la gestión del peso
- Fortalece la salud mental y la resistencia emocional
- Ayuda en la gestión del dolor crónico y la potencial reducción del dolor
- Facilita el sueño y mejora la calidad del sueño. Contribuye a la gestión (física, mental y emocional) de las condiciones y enfermedades de largo plazo como el cáncer
- Reduce las migrañas y dolores de cabeza
- Mejora la respiración, contribuyendo a reducir enfermedades como el asma
- Elimina muchos de los síntomas del síndrome premenstrual (PMS)
- Ayuda a controlar las hormonas durante el período de menopausia
- Puede incrementar la fertilidad y contribuye a vivir un embarazo y un parto saludable.

La meditación es bálsamo, autoconquista, bienestar físico y mental, reconciliación con nosotros mismos, solución para los conflictos internos y desarrollo de una nueva manera de ver y tomar las situaciones del día a día.

La meditación persigue siempre, en último grado, la liberación definitiva, la emancipación, la libertad absoluta de la identificación con el ego o con la personalidad.

Entrar en la descripción de la meditación nos lleva a ingresar en un terreno intelectual donde, finalmente, cada persona va a desarrollar su propio concepto en función de sus experiencias vividas.

Desde mi percepción, meditar implica vaciarse de conocimientos para llegar a la verdad esencial de cada uno, que en realidad es la verdad de todos porque todos somos uno. Comencemos ahora a prepararnos para que puedas vivir tu propia experiencia de meditación.

Preparación para meditar

a. Espacio de meditación:

Crea un lugar especial, un espacio o rincón sagrado de la casa donde puedas meditar diariamente. Cada lugar tiene un propósito, y este espacio sagrado que armes comenzará a tener su propia vibración. Mientras más medites, más se energizará, creará su propia vibración y te ayudará a que cada vez puedas ir más profundo y con mayor facilidad.

Si puedes elegir una hora para meditar diariamente, eso también será muy beneficioso, porque tu cuerpo y tu mente funcionan como un mecanismo. Una hora que puede resultarte beneficiosa podría ser a primera hora de la mañana, ya que la mente todavía no ha entrado en la dinámica del día y te servirá para encarar la jornada con una mejor energía.

De todas formas, cada uno de nosotros tiene un horario de acuerdo a su estilo de vida, así que te invito a que pruebes cuál es el momento más adecuado para ti. Con la práctica irás descubriendo qué hora te resulta más beneficiosa y cuál es tu ritmo propio.

b. Preparación del cuerpo:

1. Antes de meditar, mi recomendación es que practiques alguna actividad como el yoga, por ejemplo, ya que prepara el cuerpo, distiende la mente y hace que nos encontremos en una mejor condición para realizar la meditación.

Otra opción práctica para preparar el cuerpo es realizar kriyas. ¿Qué son las kriyas? Movimientos simples y repetitivos, donde se va acelerando la velocidad para hacer entrar en calor los músculos y liberar tensiones que se acumulan en las articulaciones.

Puedes animarte y hacer kriyas de movimientos simples y suaves como mover tu cuello, los hombros, las muñecas, estirar tu columna vertebral hacia arriba, hacia los costados, hacia delante y hacia atrás, una torsión de cintura para cada lado, girar la cadera tipo hula-hula y movilizar un poco las rodillas y los tobillos. Si repites estos movimientos varias veces, incrementando su velocidad progresivamente, podrás liberar un poco de tensión, facilitar tu relajación y hacer que la meditación sea más fácil.

2. Para meditar tienes que "liberarte del cuerpo". Es decir, liberarte de las sensaciones corporales para que tu mente no se distraiga con que le duele la pierna, con que el piso está frío, pensando qué estarán haciendo los vecinos con ese ruido, etc., etc.

Es importante también encontrar tu posición cómoda para meditar. Lo ideal es que llegues a meditar sentada en posición loto o semi-loto, pero para llegar a eso se requiere mucha práctica. Por lo demás el objetivo aquí no está en la forma, sino en la esencia, en lo que queremos lograr, que es el estado meditativo.

Hay muchas posiciones que te ayudarán a meditar. A continuación, las detallo para que vayas probando hasta encontrar la que te resulta más cómoda.

En las posiciones sentado se debe tener la precaución de mantener la columna vertebral recta, el mentón paralelo al piso y la coronilla hacia el cielo. Los hombros deben mantenerse relajados y hacia atrás.

Te puedes ayudar con el zafu –cojín para meditación– o con un almohadón que sea recto en su base, ya que la función es mantener los isquiones a la misma altura, para que la columna no haga fuerza para ningún lateral.

c. Relajación

En nuestra rutina diaria cargamos tensiones que muchas veces no advertimos de manera consciente, sino que nos damos cuenta cuando ya sentimos una contractura o dolor. La tensión puede generar jaqueca, rigidez, dolores y malestares como indigestión, falta de energía o cansancio en general. ¿Algo de esto te suena familiar?

Cuando estás bajo estrés, todo tu cuerpo está preparado para la acción: los latidos del corazón y la presión de la sangre aumentan, los músculos se tensan, se reduce el flujo sanguíneo a los órganos y a la piel. También hay un incremento del nivel de cortisona, por lo que si el estado de tensión es constante, los mecanismos de inmunidad y la capacidad para combatir las enfermedades quedarán afectados; en otras palabras, estarás más propenso a contraer alguna enfermedad.

La investigación científica ha demostrado que durante la relajación los efectos de la tensión se pueden invertir. Los latidos del corazón y la presión sanguínea disminuyen, las reservas energéticas aumentan, el ingreso de cortisona se reduce y, por supuesto, desciende la tensión muscular.

Se han definido tres tipos de tensión:

1. Tensión muscular: el cuerpo siente una carga negativa tan grande y se tensa tanto, que los músculos y los tendones se ponen rígidos. La sangre y el hígado se vuelven tóxicos y las glándulas suprarrenales se desequilibran. Los síntomas se eliminan fácilmente con una relajación profunda.

2. Tensión emocional: proviene del desequilibrio dual, éxito-fracaso, felicidad-infelicidad, ganancia-pérdida. Estas tensiones no se eliminan con el sueño común.

3. Tensión mental: con confusiones y fantasías la mente se vuelve como un tornado donde se van acumulando muchas experiencias de nuestra vida. La relajación profunda en los reinos de la mente subconsciente libera y trae equilibrio y armonía.

La relajación profunda es un estado entre la vigilia y el sueño, un estado intermedio de ensueño o amplificación de consciencia. Lamentablemente, las personas creen que se están relajando cuando colapsan en una silla o sillón, fuman un cigarrillo, toman un trago, miran televisión o navegan por las redes sociales. No te confundas, todo eso es una distracción para los sentidos. El estado de relajación se logra cuando la mente se torna hacia adentro y se aleja del exterior.

Hay varias técnicas de relajación, aquí solo mencionaré tres:

- Relajación por contracción isométrica: consiste en tensar los músculos e ir relajando. Puedes realizarla desde abajo hacia arriba o de arriba hacia abajo. Por ejemplo, tensar los pies leve, medio y fuerte, y relajar; tensar las pantorrillas leve, medio y fuerte, y relajar; tensar piernas leve, medio y fuerte, y relajar; y así hasta llegar a la cabeza.

- Relajación por respiración: lo único que tienes que hacer es atender de forma pasiva cómo estás respirando. Esta suele ser una manera muy efectiva de calmarse y relajarse. Puedes realizar una respiración completa, sintiendo cómo ingresa el aire por la nariz, pasa por tu garganta, llega a la parte superior, media y baja de los pulmones. Al llegar a ese punto, siente como tu panza se eleva y luego desciende para expulsar el aire, visualizando todo su recorrido hasta salir de tu cuerpo.

- Relajación por concentración: en esta relajación vas a ir visualizando cada parte de tu cuerpo, sintiendo si está o no relajada. Al igual que la relajación por contracción isométrica, puedes ir de arriba hacia abajo o de abajo hacia arriba tomando los grupos musculares que consideres apropiados.

La relajación permite que centres tu atención en el cuerpo o en la respiración, que te abstraigas de lo que sucede afuera para llevar tu atención hacia dentro tuyo. Lo que sigue después dependerá de tus objetivos personales. Puedes aprovechar el estado meditativo para crear tu nueva realidad potenciando tus afirmaciones con visualizaciones; entregarte a la nada misma y permitirte ir todavía más profundo, navegar en tu alma y dejar que venga información de tu inconsciente; conectarte con tu guía o maestro interior para recibir las respuestas que estás necesitando; trabajar con tu japa mala, con los mantras; activar tus chakras; volver a tu eje...

Los secretos para lograr una conexión con tu ser, traspasando emociones, pensamientos y ego, son la práctica y la constancia.

Según la filosofía del yoga, se necesitan 21 días de práctica para incorporar un nuevo hábito. 21 días para iniciar el cambio permanente, 42 días para la transformación de un arquetipo creado, 84 días de práctica para transformar un arquetipo de la infancia y 108 días para la transformación de un arquetipo heredado de generaciones pasadas.

Prueba meditar durante 21 días seguidos, aunque sea 5 minutos diarios, y observa en el proceso cómo te sientes y qué cambios observas en ti mismo, tanto física como emocionalmente. Después puedes ir por más, manteniendo tu rutina o sadhana (práctica personal) con un fuerte compromiso en tu crecimiento y evolución espiritual.

Además de la práctica diaria de meditación te invito a:

- Tener una actitud de consciencia en tu vida diaria, es decir, estar presente con todo tu ser en cada acto que realices y en cada momento de tu día
- Mantener la atención plena de tus pensamientos y emociones
- Mantenerte como observador de ti mismo y de lo que sucede dentro y fuera de ti
- No enjuiciar lo que sucede, ni a las personas ni a ti mismo.

Esto te permitirá acceder a respuestas que de otro modo no podemos lograr. Podrás llegar a la guía de tu maestro interior y a otro nivel de consciencia. Según Rudolf Steiner, "los seres espirituales, solo pueden hablar a quienes hayan llegado a una receptividad interior mediante un escuchar impersonal, sin dejarse influir por opiniones y sentimientos personales".

PARA MEDITAR,
SÓLO NECESITAS VACIARTE
DE LO QUE PIENSAS,
DE LO QUE CREES,
DE LO QUE SIENTES.
TAN SÓLO ESCUCHA EL SILENCIO
Y PERCIBE LA PAZ.

Las afirmaciones como entrenamiento para el cambio

Antes de hablar de negocios específicamente y de adentrarnos en tu creación, quiero enseñarte a utilizar las afirmaciones que son, para mí, la herramienta más eficaz para reeducar la mente y también para trabajar con la ley de atracción.

Todo pensamiento que tenemos y todo lo que hablamos es una afirmación. Por eso es tan importante tener control de nuestra mente y no dejar que divague por cualquier drama autocreado. Cada pensamiento que tenemos sobre un tema que nos preocupa, nos angustia o nos enoja lo que hace es magnificarlo, agrandarlo tanto en nuestro interior como en el exterior… le da mayor identidad. Lo mismo sucede cuando nuestro pensamiento está enfocado en eso que queremos lograr, nos mantiene motivadas, con buena energía y seguramente comiencen a aparecer situaciones que nos acerquen cada vez más a aquello que queremos lograr.

Es difícil de creer y de comprender lo que acabas de leer, no pretendo que lo creas todo sin discernir sobre lo que escribo, pero sí quiero generarte inquietud para que sigas profundizando en este tema. Para ello te recomiendo algunos libros: *La ley de atracción*, *Los 11 pasos del mago*, *El alquimista*, *Usted puede sanar su vida*, *El secreto*, *Un curso de milagros*, *Las 7 leyes espirituales del éxito* y puedes encontrar muchos más.

Ahora bien, todo pensamiento es una afirmación. Esa afirmación nos genera una emoción y la emoción es una vibración que tiene fuerza de atracción. La vibración es energía y es la forma en la que se mueve todo en el Universo. La vibración energética es la que atrae a diferentes personas y situaciones en nuestra vida. ¿No te ha ocurrido que conoces a alguien y sientes que hay algo en esa persona que no te cae bien, que 'no vibra contigo'? Esto no tiene nada que ver con religión, clase social, raza o creencias.

Hay personas o lugares donde nos encanta estar y otros donde sentimos que queremos salir corriendo. Esto es lo que hace la vibración energética. Así que es muy importante que comiences a estar muy atento a tus pensamientos para poder ir transformándolos.

Ahora te voy a enseñar cómo armar una afirmación positiva para que comiences a generar la transformación en tu vida:

- Una afirmación es una frase escrita o vocalizada
- En primera persona

- En positivo, y
- En tiempo presente.

Las afirmaciones son la primera herramienta que comencé a utilizar, hace bastantes años atrás, cuando comencé mi formación como instructora y *coach* certificada Heal Your Life y con su utilización en mi proceso personal de transformación, he descubierto los siguientes beneficios:

BENEFICIOS DE UTILIZAR AFIRMACIONES
POSITIVAS EN LA VIDA DIARIA

- AYUDA A CAMBIAR UN PATRÓN DE PENSAMIENTO
- INTERVIENE EN EL CAMBIO DE CREENCIAS
- PERMITE RE-EDUCAR NUESTROS PENSAMIENTOS
- AFIRMACIÓN + EMOCIÓN= VIBRACIÓN ELEVADA
- PONE EN FUNCIONAMIENTO LA LEY DE ATRACCIÓN
- AYUDA A RE-EDUCAR NUESTRO DIÁLOGO INTERIOR
- AYUDA A CLARIFICAR Y SOSTENER UN OBJETIVO PERSONAL
- NOS MANTIENE OPTIMISTAS
- AYUDA A CAMBIAR LA MIRADA HACIA EL MUNDO Y HACIA NOSOTROS MISMOS

Ya pudiste ver alguno de los beneficios que implica tener una mente enfocada en lo que uno quiere. Se trata de cumplir un sueño, pero también implica un camino de aprendizaje y crecimiento personal y espiritual. A medida que te vas conociendo —en este caso, para comenzar un emprendimiento que te permita vivir de la manera que quieres vivir, haciendo lo que amas hacer–, el proceso te lleva a que vayas transformándote en lo que deseas ser, en esa mejor versión de ti mismo.

Las afirmaciones puedes utilizarlas de varias maneras:

- **Una frase que repites varias veces en tu día.** Por ejemplo, en un momento de mi vida en el que tenía que tomar decisiones que me asustaban mucho, me repetía todo el tiempo 'todo es perfecto. Estoy a salvo. Esto también va a pasar'. Asimismo, Louise Hay cuenta en su libro Usted puede sanar su vida, que su afirmacion principal durante mucho tiempo fue 'Me amo y me acepto tal como soy'.

- **Escribir tu nueva historia de vida a modo de afirmación.** Es decir, tu sueño, ese que visualizaste al comienzo de este libro, lo escribes completo en primera persona, en positivo y en tiempo presente. También te recomiendo que le agregues adjetivos calificativos que te empoderen, por ejemplo: "Me siento muy feliz de estar conociéndome y animándome a emprender mi sueño. Es maravilloso encontrar a personas que, al igual que yo, tienen la libertad de hacer lo que quieren con su vida. Me siento empoderado y feliz de estar aplicando lo que estoy aprendiendo para…, y los resultados se están dando de manera rapidísima…".

- **Grabarte diciendo todas las afirmaciones que necesitas para un momento específico de tu vida o grabarte leyendo tu nueva historia de vida.** De esta manera puedes escucharlo mientras vas a tu trabajo, mientras cocinas, mientras caminas, antes dormir y en cuanta oportunidad encuentres. Recuerdo que a mí me ayudaron mucho las 101 afirmaciones para transformar tu vida, de mi maestra Alejandra Plaza (las puedes encontrar en YouTube). Las escuchaba hasta cuando me bañaba. Llegó un momento en que las podía repetir sin la grabación. Ello generó un gran cambio en mi diálogo interno.

- **Revisar cuáles son las creencias limitantes que descubriste en el ejercicio del capítulo 1 y transformarlas en afirmaciones.** Por ejemplo, 'no soy bueno para los negocios', cambiarla por 'disfruto de aprender nuevas herramientas para hacer crecer mi negocio'. Otro ejemplo puede ser 'el dinero nunca me alcanza', cambiarla por 'el dinero siempre viene a mí y lo administro de manera inteligente'.

- **Repetirlas durante tu meditación.** Puedes elegir algunas afirmaciones (no más de siete) para repetir como mantra mediante tu meditación. En este caso, con la exhalación repites mentalmente la afirmación e inhalas la emoción que te provoca la afirmación. Este método es muy potente cuando lo trabajamos junto a la visualización. Por ejemplo, si quiero trabajar en mejorar la confianza en mí misma, la afirmación podría ser 'confío en mí misma y sé que mis decisiones son las correctas'. Repito esta afirmación mientras exhalo y me visualizo tranquila y confiada en la situación que tengo que resolver, inhalo esa confianza. Repito tantas veces como considere necesario para internalizar la visualización y la emoción, hasta sentirla real.

¿Se te ocurre alguna otra manera de trabajar las afirmaciones? Esto es un proceso creativo, donde fundamentalmente tienes que poder conectar con la emoción, así que no te encasilles, sino que permítete crear a tu manera.

A continuación, te dejo algunos ejemplos de afirmaciones para que puedas inspirarte en tu propia creación:

Afirmaciones de prosperidad:

- ¡¡¡Soy un imán del dinero!!! Ingresos inesperados están siempre viniendo a mí.
- Mis ingresos aumentan constantemente.
- ¡Mis ingresos aumentan constantemente mientras que mis gastos permanecen iguales, y hasta disminuyen!
- Todas mis necesidades son cubiertas por la abundancia del Espíritu.
- Siempre tengo suficiente dinero para pagar mis cuentas antes del plazo.
- Elijo abrazar pensamientos de abundancia que me nutren y me apoyan.
- Estoy seguro de que me gano maravillosamente la vida haciendo el trabajo y el servicio que es importante para mí.
- Doy la bienvenida a una abundancia de alegría, amor y dinero a mi vida.
- El dinero es mi amigo y merezco recibirlo en abundancia.

Afirmaciones para el trabajo:

- Estoy usando mis talentos y habilidades únicas para trabajar en mi carrera perfecta.
- Ahora tengo claridad sobre mi camino profesional.
- Me siento seguro de que me gano maravillosamente la vida haciendo el trabajo y el servicio que es importante para mí.
- Me encuentro con personas perfectas para ayudarme en mi carrera.
- Es muy emocionante estar ganándome bien la vida usando mis talentos y habilidades especiales.

- Es una delicia estar trabajando para (o con) personas creativas, amorosas y contenedoras.
- Tengo un trabajo nuevo, maravilloso y que me apasiona, donde tienen cabida todos mis talentos y mis capacidades, donde puedo expresarme creativamente y obtener importantes ingresos que me permiten vivir mi vida con total libertad económica, financiera y lo más bello... ¡¡con total libertad de tiempos!!

También te comparto el *Tratamiento para el éxito*, escrito por Louise Hay:

Tratamiento para el éxito

En la infinitud de la vida, donde estoy,
Todo es perfecto, completo y entero.
Formo parte del poder que me ha creado.
Dentro de mí llevo todos los ingredientes del éxito,
Y ahora permito que su fórmula fluya a través mío
Y se manifieste en mi mundo.
Todo aquello que sienta que debo hacer será un éxito.
De todas mis experiencias aprendo
Y voy de triunfo en triunfo y de gloria en gloria.
Mi camino está formado por los escalones
Que llevan al éxito.
Todo está bien en mi mundo.

Capítulo 3

TRABAJO, ÉXITO Y PROSPERIDAD

Trabajo

Todo lo que hago me gratifica profundamente

¿Cómo te hace sentir esta afirmación?

Es muy importante agradecer para poder transformarnos. Ser agradecidos de todo lo que nos llevó a cambiar, aun cuando sea doloroso.

En este punto vamos a hablar sobre el trabajo, ya que seguramente te encuentras trabajando en relación de dependencia y, si no lo estás haciendo, lo que veamos aquí puede servirte para comprenderte un poco más y abrir tu corazón a la gratitud infinita.

Algunos pensamientos que pueden haberse cruzado en tu mente o que quizás aparecieron al leer la afirmación pueden ser: no puedo aguantar este trabajo; mi jefe es malo, negativo, egoísta, tacaño, agresivo, etc.; lo que gano no me alcanza; en mi trabajo no me valoran; en mi trabajo hay un mal ambiente; mis compañeros son mala onda; no sé qué es lo que quiero hacer; no soy feliz haciendo lo que hago.

¿Te sientes identificado con alguno?

Todos estos pensamientos son negativos y a la defensiva ¿Crees que pensando de esta manera puedes atraer un mejor trabajo o empezar a crear tu propio emprendimiento?

El trabajo que tenemos y lo que hacemos en él es reflejo de cómo vemos nuestro propio valor, lo que creemos valer para el mundo.

En un nivel, nuestra labor es intercambio de tiempo de servicio por dinero. Sin embargo, el tipo de trabajo que hacemos es importante para nosotros, porque como individuos únicos, queremos sentir que estamos haciendo una contribución al mundo. Necesitamos usar nuestro propio talento, nuestra inteligencia y nuestra capacidad creadora.

Si tu trabajo ya no te interesa o quieres conseguir otro, si tienes problemas laborales con tu jefe o con tus compañeros, si estás sin trabajo, o si quieres ser independiente y crear tu propio negocio, la mejor manera de encarar esto podría ser:

- Bendecir con amor la situación en la cual te encuentras.
- Reconocer que el punto donde te encuentras no es más que un paso en tu camino.
- Comprender que el lugar donde te encuentras se debe a tus modelos mentales inconscientes y ahora estás trabajando en cambiarlos.
- Tener en cuenta que si los demás no te tratan de la manera en que te gustaría ser tratado, quiere decir que —de

manera inconsciente– hay algo que provoca o atrae ese comportamiento.

Revisa cuáles son tus pensamientos sobre el trabajo: qué es lo que piensas y sientes de tener que trabajar para alguien más, qué sentido te hace tener un jefe, si te provoca envidia o celos que el otro progrese y tú no, cómo te sientes trabajando en equipo, etc.

Todo lo que vayas descubriendo en ti, te servirá para crear las afirmaciones que te ayudarán a reescribir tus pensamientos y creencias.

Recuerda, de manera amorosa y sin juicio. Siempre has hecho lo mejor que has podido, con las herramientas, conocimiento y nivel de consciencia que has tenido en cada momento de tu vida. Todo lo que has vivido hasta hoy, te ha permitido sobrevivir.

Hoy eliges VIVIR de manera consciente y con propósito, por esa razón este libro está en tus manos.

Éxito

Toda experiencia es un éxito

¿Cuál es el concepto que tienes de éxito? ¿Qué te imaginas cuando escuchas 'Fulano es exitoso'? Y de fracaso, ¿cuál es el significado que tiene para ti?

Lo principal que necesitas saber es que "La ley de la experiencia es siempre perfecta". El tema a revisar en nosotros mismos se encuentra en nuestras expectativas... Nos ponemos plazos muy exigentes, metas a las que no somos capaces de llegar en este momento y, como estamos en la cultura del '¡Llame ya!', es decir, queremos que todo sea ahora, nos sentimos fracasados si no se dan las cosas tal cual como las imaginamos o en el tiempo en que las queremos.

La realidad es que exitosa es la persona que lo intenta, que se arriesga, aunque tenga miedo, que no le importa su edad y continúa aprendiendo. Exitosa es la persona que tiene una meta y comprende que en el Universo confluyen muchas conexiones entre todos nosotros, con lo cual el cumplimiento de esa meta puede darse de distinta manera a la que se está planteando.

La persona exitosa se respeta y sabe fluir con la vida, disfrutando de cada momento que se le va presentando. Permite que sus metas vengan a su encuentro y no se preocupa por el cómo. Se siente merecedora del éxito en todos los aspectos de su vida y lo acepta.

Cómo podemos ser exitosos:

- Tomando consciencia de que, a veces, los resultados toman más tiempo del que quisiéramos y que no depende de nosotros
- Aprendiendo a pedir ayuda a los demás
- Sabiendo que los mayores aprendizajes ocurren fuera de nuestra zona de confort
- Teniendo confianza y convicción en nuestra visión
- Sosteniendo un diálogo interno que invite a la reinterpretación de lo sucedido.

Lo importante es reconocer y grabar en nuestro inconsciente que "la ley de la experiencia es siempre perfecta", con lo cual, el fracaso no existe, solo es un peldaño en nuestro aprendizaje.

Prosperidad

Me merezco lo mejor y lo acepto, ahora mismo

Con respecto a la prosperidad, aprendí a verla como un estado de ánimo, es decir, comienza cuando me siento bien conmigo misma y con lo que hago. Así nos enseña la autora Louise Hay a relacionarnos con la prosperidad.

Muchos unen la prosperidad con el dinero y la verdad es que tener grandes sumas no es garantía de prosperidad. Puede suceder que la gente que tiene mucho dinero tiene tanto miedo a perderlo que se la pasa preocupada en incrementarlo, o preocupada de que no se la robe el gobierno o los ladrones. También puede suceder que para mantener ese dinero (que es solo papel), se priven de un montón de cosas bellas de disfrute... En nuestra jerga decimos que "no come huevo para no tirar la cáscara". Entonces, es importante que reconozcamos la prosperidad como un estado de ánimo.

Somos prósperos cuando sentimos que tenemos tiempo para hacer lo que queremos, cuando estamos sanos, cuando entablamos relaciones nutritivas con personas maravillosas con las que compartimos nuestra vida, cuando entregamos y recibimos amor, alegría, tiempo, belleza, sabiduría.

La prosperidad se relaciona directamente con nuestra capacidad de merecimiento. Si no nos sentimos merecedores, no podemos apreciar esos pequeños milagros que nos suceden, como encontrar un billete en la calle, obtener un descuento inesperado, que aparezca el salón perfecto para iniciar un emprendimiento, que surja una moratoria en el momento justo que estábamos necesitando oxígeno financiero para poder continuar.

Y ejemplificando situaciones más básicas aún —que muchos damos por hecho—, tener agua caliente para bañarnos y agua corriente en nuestro hogar, lo que facilita tanto nuestra vida. Así como tener un techo, comida, abrigo y comodidades con las que muchas personas no cuentan y que nosotros tomamos como algo normal y nos olvidamos de ser agradecidos por ello.

Debemos comprender que en el Universo hay una provisión inagotable de prosperidad para todos. Miremos el cielo en la noche y contemplemos la infinidad de estrellas que hay, o intentemos contar los granos de arena que caben en nuestra mano cuando tomamos un puñado, las hojas que hay en cada rama de un árbol, las gotas de lluvia, las semillas de un tomate o, simplemente, lo más esencial para nuestra vida, ¡el aire! Hay suficiente para todos, sin necesidad de que tengamos que pensar cómo conseguirlo. En la prosperidad es muy importante lo que pensamos, lo que creemos, las limitaciones que tenemos dentro nuestro, las estructuras que se han formado en nuestra mente a lo largo de los años. "En lo que nos concentramos, es lo que aumenta". De modo que si nos pasamos el día pensando en las cuentas por pagar, en cómo aumentan de precio las cosas en nuestro país, en que el dinero nunca alcanza… ¿Qué crees que pasará en nuestra realidad? ¿Qué tal si pruebas pensar 'mis ingresos siempre son superiores a mis egresos'? No importa el cómo se va a cumplir, dejemos al Universo actuar. Nosotros simplemente visualicemos y estemos conectados con ese sueño que nos impulsa, con esa vida ideal que queremos vivir, con esa mejor versión nuestra que nos empodera y nos da fuerza para seguir nuestro camino de transformación.

Te dejo algunos *tips* de la maestra Louise Hay, para que trabajes diariamente con tu prosperidad:

- **Bendice con amor todo lo que hay en tu vida:** el hogar, la calefacción, el agua, los utensilios de la cocina, la comida, la ropa, el teléfono, la luz, el trabajo, etc., etc. Todo lo que tenemos, ya que, al tenerlo, lo damos por hecho y no lo valoramos hasta que sucede algún inconveniente.

- **Haz lugar para lo nuevo:** realiza una limpieza profunda de la heladera, roperos, de las "piezas donde amontonamos" y deja ir todo lo que no usas, lo roto. A medida que vas limpiando, puedes repetirte a ti mismo que estás limpiando tu casa mental. Al Universo le encantan estos gestos simbólicos y es sumamente sanador mover la energía de nuestro hogar mientras estamos trabajando en nuestra propia limpieza interior de pensamientos limitantes.

- **Acepta con amor las facturas:** es esencial que dejes de preocuparte por el dinero y protestar por las facturas que te llegan. Debes mirar las facturas y las deudas con amor, como un reconocimiento de que el acreedor confió en ti, en tu capacidad de pago y permitir así el libre flujo del dinero, que es solo energía.

- **Alégrate de la buena suerte ajena:** cada persona está bajo la ley de su propia consciencia. Nosotros tenemos que limitarnos a nuestros pensamientos; lo que el otro haga con su dinero —o con su suerte— es asunto de la consciencia de la otra persona, ya que tiene su propia realidad. No utilices tu energía creadora para criticar o sentir celos por cómo consiguen cosas los demás.

- **Visualización:** utiliza la visualización para verte en tu prosperidad, tal como quieres ser o estar. Cada persona es única, en el sentido de que quizás para ti ser próspero implica viajar todos los años a conocer un país distinto y, para mí, es tener tiempo de ocio disponible. Sé creativo y leal a lo que sientes, no te guíes por estereotipos de lo que debería ser la prosperidad.

- **Abre tus brazos**: "estoy abierto y receptivo para todo el bien y la abundancia que hay en el Universo". Louise Hay nos dice que imaginemos el Universo como un banco cósmico, donde tus ingresos son los pensamientos positivos, las afirmaciones, la meditación. De esa manera incrementas la consciencia que tienes de tu capacidad creadora. Es preciso que te liberes de la mentalidad del ingreso fijo para poder confiar en tu proceso creativo, para poder dar nacimiento a tu emprendimiento.

- **Alégrate de los pequeños comienzos**: Roma no se construyó en un día. Bendice y agradece cada pequeño paso que realices, como por ejemplo levantarte más temprano para meditar, completar los ejercicios de este libro, darte un momento para ti cuando nunca antes lo habías hecho, etc.

- **Reconoce la prosperidad en tu vida:** no solo debes querer el bien para los demás y alegrarte con sus progresos, sino que también es importante que te abras a tu propio bien.

- **Acepta los cumplidos**: los cumplidos son donaciones de prosperidad y es recomendable que aprendas a aceptarlos con naturalidad y gracia.

- **Regocíjate de la abundancia que representa despertarte cada mañana frente a la experiencia de un nuevo día**. Alégrate de vivir, de estar sano, de tener amigos, de ser creativo. Vive con tu consciencia al tope y disfruta con el proceso de tu transformación.

- **Siéntete merecedor**: algunos pensamientos para comenzar podrían ser:
  - Soy valioso
  - Soy merecedor

- Me amo
- Me doy permiso para realizarme

Sobre estos cimientos realiza tus afirmaciones para crear lo que deseas.

LIBÉRATE DE LAS EXPECTATIVAS, DESPRÉNDETE DEL RESULTADO, DISFRUTA EL PROCESO Y DEJA QUE LA VIDA TE SORPRENDA. TODO ES PERFECTO

Capítulo 4

Definiendo tu Emprendimiento

¿Cuál es la razón por la cual quieres emprender?

Llegó el momento de enfocarte en la creación de tu negocio. Ya has conocido un poco de ti mismo y lo principal es que has conectado con tu sueño, con tu misión de vida. Quizás te hayas dado cuenta de que no solo quieres hacer una sola cosa, sino que quieres hacer ¡muchas! ¡Genial! Yo también soy *multi-task* (de muchas habilidades o, al menos, que me gusta hacer muchas cosas a la vez). Lo que tienes que tener en cuenta en estos casos es mantenerte ordenado y equilibrado. Está atento de no sobrecargar con muchas actividades tu día y que esto te provoque estrés en lugar de placer.

Vamos a empezar definiendo por qué quieres comenzar tu propio negocio, cuál es tu principal motivación. El objetivo es que vayas creando cada vez más y mejor tu negocio desde dentro tuyo, es decir, desde tu pasión por lo que haces.

Concéntrate en lo que te produce querer realizar este emprendimiento. Siente qué te genera internamente, conecta con tus emociones. ¿Qué es lo que quieres brindar al mundo para mejorarlo? O si te parece mucho la palabra "mundo", enfócate en lo que quieres generar en tu cliente cuando adquiera tu producto o servicio.

Tu foco debe ser la conexión emocional con lo que ofreces y la necesidad que quieres cubrir en tu cliente. Luego nos ocuparemos de ver y analizar números. El dinero fluye cuando haces lo que amas, no cuando te enfocas en tener dinero o en volverte rico o famoso. Ya lo vimos en el primer capítulo; tu foco, tu misión, es compartir ese don especial que tienes y mantenerte en este punto en donde estás conectado a tu ser, donde tus sueños vienen del alma, del corazón y no desde el ego.

Quiero que te visualices a ti mismo realizando eso que amas hacer para los demás y escribas listas de:

- Las razones por las cuales quieres comenzar.
- Por qué deberías comenzar tu negocio.
- Qué es lo que le aportaría al mundo.

Responder estas preguntas te va a permitir clarificar cuál es tu valor agregado, es decir, ese valor que vas a agregarle al mercado a través de tu emprendimiento. Quiero que te preguntes a ti mismo qué tipo de negocio quieres tener, cuál es el tamaño de negocio que te gustaría alcanzar. Por ejemplo, puedes querer realizar un emprendimiento pequeño que se mantenga así en el tiempo —con a lo sumo un par de personas que te ayuden en algunas actividades— o tal vez prefieres ir creciendo y llegar a tener una empresa con muchos empleados, un equipo de gerentes, distintas sucursales, etc.

Aquí lo que debes analizar es tu predisposición al riesgo, a tener personas a cargo, a delegar trabajo, a crear equipos, a liderar, entre otros. Ten en cuenta que todo se aprende, no tengas temor de crear tu sueño tal como lo deseas. Si crees que quieres una mega empresa, pero te asusta no tener conocimientos de gestión, no te asustes ni achiques tu creación. Todo a su tiempo se irá acomodando e irás aprendiendo lo necesario. Lo que aquí tienes que tener en cuenta es lo que sientes tú con respecto al tamaño, si te sientes bien con un tamaño micro, pequeño o grande.

Ahora enfócate en lo que quieres y en lo que te hace sentir cómodo, en cómo quieres que sea tu estilo de vida. Si prefieres trabajar muchas horas fuera de casa; combinar trabajo fuera de casa y en casa; estar más tiempo en tu hogar y que tu trabajo no le quite mucho tiempo a la familia; si quieres tener un local o si quieres trabajar solo en la web... En fin, ¡las posibilidades son infinitas! Por eso es importante ser lo más claro posible en cómo quieres que sea tu vida para integrar en ella tu trabajo.

Estos ítems te ayudarán a avanzar en este punto:

1. Cuando visualizo mi negocio, puedo ver un negocio _____ (micro, pequeño, grande).
2. Mi negocio lo puedo dirigir desde _____ (casa, local, oficina, cualquier lugar).
3. Me veo dirigiendo a _____ (número de) empleados en un año aproximadamente. Y voy a comenzar con _____.
4. Durante el primer año de mi emprendimiento, me encantaría facturar $ _____, con una ganancia neta (libre de gastos e impuestos) de $_____ y que pueda sacar para mis gastos personales $_____ mensuales.

Robert Kiyosaki, experto en negocios y libertad financiera, ofrece un análisis sobre las opciones de mercado desde el cuadrante del flujo del dinero. Este cuadro te será muy útil para aclarar un poco más hacia dónde quieres dirigirte, cuál es el tipo de camino que elegirás.

En este cuadro, es importante que veas la relación entre el tiempo y el dinero. Podemos estar en un solo cuadrante, en más de uno o en todos. Tú eliges y armas tu propio plan.

¿Ya pudiste visualizar hacia dónde quieres llegar? Es imprescindible que vayas generando tu norte, tu objetivo allá muy lejos en el tiempo, para comenzar a trazar el mapa de cómo llegar hasta allí. El proceso es lo más lindo y de donde más aprendemos, pero necesariamente tenemos que saber hacia dónde ir.

Ya pudiste conectar con tu sueño, con tu misión, con lo que te hace feliz poder brindar a los demás. Ahora también tienes que ver un poquito más allá en el tiempo para proponerte hacia donde llegar y, desde un punto de vista metafísico, para dar la correcta orden al Universo de cuál quieres que sea tu realidad.

Bien, ya estás conectado con tu visión de negocio desde donde realmente lo quieres crear. Lo que puede suceder ahora es que tu ego se empiece a entrometer y quiera demostrarle a los demás de lo que eres capaz o, a la inversa, que te comience a susurrar que tú no serás capaz, que te quedes donde estás que es lo que conoces.

Confía en ti mismo, no tienes que demostrar nada a nadie y te aseguro que estás a salvo en todo momento. Estás diagramando tu vida a tu manera, a tu estilo, a tu gusto. Es un gran cambio de lo que vienes acostumbrado. Hasta ahora solo seguías instrucciones donde todos sabían más que tú y dirigían tu vida. Pero eso se acabó.

Escucha a tu corazón, conecta con tus emociones para armar tu emprendimiento. Conecta con esas emociones que te impulsan, que te inspiran, que saben en lo profundo que TÚ SÍ PUEDES.

En este momento las creencias limitantes quedan de lado, las irás trabajando con las afirmaciones. El miedo aquí queda de lado. Busca a la persona, las personas o la empresa que te inspire, que se encuentra en el mercado al cual ingresarás, que es grandiosamente exitosa y que tiene ese estilo de vida que tanto admiras. Anota su o sus nombres y los aspectos que te gustan y te inspiran de estos modelos.

Vamos a comenzar a adentrarnos en el mercado al que quieres ingresar y en el modelo de negocio que vas a desarrollar. En este punto es importante que investigues lo que más puedas de los líderes del mercado, de aquellos que te inspiran, lo que transmiten y porqué la gente los elige.

Además, busca información sobre el tipo de capital que necesitas para ingresar en este negocio. Según cuál sea tu creación y el mercado al que quieras ingresar va a depender el tipo de capital necesario y la inversión. Por ejemplo, hay negocios que requieren como capital el conocimiento y quizás solo con una computadora ya puedes comenzar tu emprendimiento. Otros requieren conocimiento y un capital mínimo, como una peluquería. En este caso, se puede partir con visitas domiciliarias, donde solo tienes que adquirir herramientas (secador, tijera, peine, etc.) y luego puede seguir el paso de abrir tu propio local, porque ahí la inversión ya implica un poco más de dinero. Te comparto una lista que te orientará más sobre la información que necesitas recopilar para calcular tu inversión.

QUÉ NECESITO PARA COMENZAR MI EMPRENDIMIENTO

• CONOCIMIENTO ESPECÍFICO:

INVERTIR EN UN CURSO DE CAPACITACIÓN, REALIZAR UNA PRÁCTICA PREVIA PARA ADQUIRIR EXPERIENCIA, SI SE REQUIERE O NO TÍTULO HABILITANTE PARA LO QUE QUIERES REALIZAR.

• CAPITAL:

NECESIDAD DE INVERSIÓN EN BIENES. POR EJEMPLO, ESCRITORIO, SILLA Y COMPUTADORA EN EL CASO DE UNA OFICINA CON ATENCIÓN AL PÚBLICO, ESTANTERÍAS, MOSTRADOR, CAJA REGISTRADORA, PARA ABRIR UN NEGOCIO, ETC. TAMBIÉN EL LUGAR DONDE DESARROLLARÁS TU ACTIVIDAD, SI NECESITARÁS ALQUILAR UN ESPACIO O NO.

• HABILITACIONES:

GASTOS NECESARIOS PARA HABILITAR TU NEGOCIO, INSCRIPCIÓN EN AFIP, RENTAS, MUNICIPALIDAD. ESTOS GASTOS SON PARTE DE LA INVERSIÓN INICIAL.

• COMUNICACIÓN:

DE QUÉ MANERA DARÁS A CONOCER TU TRABAJO, CÓMO INFORMARÁS A TUS CLIENTES POTENCIALES CUÁLES SON LOS BENEFICIOS DE ELEGIRTE A TI EN VEZ DE A OTRA PERSONA.

• HONORARIOS O PERSONAL A CARGO:

GASTOS DE ASESORAMIENTO DE PROFESIONALES QUE NECESITES (CONTADOR, ABOGADO, DESARROLLADOR WEB, ETC.) Y EL GASTO EN CASO DE QUE TENGAS PERSONAL A CARGO.

Integrar lo interno con lo externo

Existe una herramienta fabulosa para integrar y ordenar toda la información que has obtenido hasta ahora. Esa herramienta se llama análisis FODA (fortalezas, oportunidades, debilidades y amenazas).

El FODA sirve para analizar tu parte "interna" –a través de tus fortalezas y debilidades–, ya que realizarás una minuciosa mirada sobre ti mismo y el emprendimiento que quieres realizar:

Fortalezas: describe aquellas fortalezas que posees y que te permitirán triunfar en tu negocio. Aquí puedes utilizar lo que has trabajado en el descubrimiento de tu don o talento y complementarlo con cualidades que te han ayudado en otro momento de tu vida a lograr tus objetivos. Por ejemplo, la constancia, la fuerza de voluntad, la perseverancia, la responsabilidad, la creatividad, etc.

Debilidades: aquellas actitudes que tienes que fortalecer o buscar la manera de compensar con tus fortalezas para que no afecten tu motivación ni tu determinación a lo largo de este proceso. Por ejemplo, los pensamientos negativos que has detectado, las creencias limitantes que pueden mantenerte en tu zona de confort o la procrastinación (esperar el momento perfecto porque sientes que no estás listo para actuar). Intenta ser lo más honesto posible al detallar las características de tu personalidad que crees que pueden debilitarte o afectar el correcto funcionamiento de tu negocio. Por ejemplo, poca paciencia para delegar, intolerancia a la impuntualidad o ser muy impuntual, falta de compromiso o de constancia, etc.

Conocer tus debilidades también es útil al momento de formar tu equipo de trabajo, de buscar personas para asociarte o trabajar de manera conjunta. Por ejemplo, quizás eres muy hábil con la parte creativa y visual, pero tu debilidad radica en que no eres ordenado o constante en tus proyectos. Sabiendo esto, buscarás alguien que tenga como fortaleza el orden y la constancia, pero que necesite de tu creatividad para su emprendimiento. Esta es una buena manera de hacer un acuerdo "ganar-ganar", que nace desde el autoconocimiento.

La segunda parte del análisis consiste en la parte "externa": oportunidades y amenazas. Es el turno de analizar el entorno, el mercado, los competidores, los clientes, todo lo que comenzaste a revisar en la primera parte de este capítulo. Aquí tendrás:

Oportunidades: qué es lo que puedes ofrecer al mercado que es distinto al resto y que te hace único y especial, cuál es tu ventaja por sobre los que ya están en el mercado, por qué te elegirían a ti, etc. También, todo aquello que signifique una oportunidad para ti en este momento, como por ejemplo, tener un dinero para invertir, tener los conocimientos y la experiencia necesaria, contar con local propio, disponibilidad para viajar, etc.

Amenazas: qué es lo que podría complicar la puesta en marcha o desarrollo de tu negocio; cómo es la competencia; qué amenaza tu éxito desde afuera; qué puede llegar a ser una complicación, pero que al detectarla a tiempo la puedes compensar, subsanar o cambiar. Por ejemplo, si al mercado donde vas a ingresar hay mucha competencia de precios y todo el mundo lanza ofertas y ofertas que complicarían tu rentabilidad de ingresar en esas condiciones.

¡Manos a la obra! Completa tu cuadro FODA para tener una idea acabada de dónde estás parado antes de comenzar.

FORTALEZAS

DEBILIDADES

OPORTUNIDADES

AMENAZAS

Desarrolla tu ICA (Ideal Customer Avatar o cliente ideal)

Para seguir adentrándote en tu negocio, te invito a conectar con tu cliente ideal. Ese cliente perfecto que te encantaría atender porque tiene las cualidades que ayudan a que tu negocio sea exitoso, porque es un placer para ti brindarle tu servicio o producto a esa persona.

Desarrollar el avatar de tu cliente ideal implica que te puedas "meter en la piel" de tu cliente, comprender cuál es su necesidad y cómo desea que tú puedas satisfacer eso a través de tu talento, además de que puedas identificarte y especificar aún más tu manera de hacer llegar tu producto o servicio a tu cliente ideal.

Tener claro cómo piensa y siente, su estilo de vida, sus tiempos, te ayudará a que puedas desarrollar una estrategia de *marketing* y comunicación específica hacia este cliente ideal. Al escribir en tu *blog* o en las redes sociales o cuando armes publicidades para periódicos, radios, televisión, revistas, etc., estarás dirigiéndote específicamente a tu cliente y podrás captar la atención de quien le interesa lo que ofreces.

Tal como aprendí de mi mentora Marie Forleo, "si le hablas a todo el mundo, no le hablas a nadie". Este punto es muy importante para todos los pasos que siguen. Necesitas ser lo más específico posible en el detalle de tu avatar.

Es un ejercicio que puede costarte porque no quieres dejar a nadie afuera y, si te diriges a una mujer de 20 años, por ejemplo, tienes miedo de que el resto de las mujeres o los hombres se sientan fuera y no te compren. Pero tranquilo, te van a comprar hombres y mujeres mayores también. Aquellas personas que se interesen por lo que ofreces, te van a comprar igual. Lo que vas a lograr comunicándote con foco hacia tu cliente ideal es conectar emocionalmente, generar una identificación y fidelizar.

Personalmente utilizo mi ICA para inspirarme, para generar nuevos servicios y para escribir mi *blog*. También mi ICA me inspira a seguir aprendiendo más para ofrecer más herramientas que le ayuden a vivir la vida que sueña y pueda liberarse de todo lo que lo limita. Esto me ayuda muchísimo. Este libro surgió de mi ICA y sus necesidades, corroborado con talleristas y *coachees* que me manifestaban la necesidad de integrar su desarrollo personal con su desarrollo económico.

Uno de las resultados que me ha producido utilizar el ICA cuando escribo en mi *blog*, por ejemplo, es recibir comentarios y correos electrónicos diciéndome que parece que le estuviese hablando a ella específicamente o 'como si me leyeras la mente'. Este es uno de esos ejemplos tomados desde mi *blog*:

Post ¿Por qué mi mente me dice cosas tan feas? Anónimo dice:

4 de enero, 2017, a las 2:45 pm *"Cada vez que leo un post siento como si de alguna manera estuvieras leyendo mi mente. Es increíble como paso a paso en este camino del conocer-nos, aceptar-nos y vivir nuestros sueños, cada una de las cosas que vas mencionando van sucediendo... No nos damos cuenta de que solo con nuestro pensamiento la mayoría de las veces obstruimos nuestro propio camino. Hermoso como siempre Laly. Gracias, gracias, gracias.*

Para que puedas comprender mejor la importancia del ICA, piensa como cliente e imagina que quieres comprar clases de yoga. Te has decidido al fin y quieres comenzar, por esta razón buscas empatizar con quien te lo ofrece, sentirte identificado, inspirado y que se adecúe a cómo es tu vida. Vamos a imaginar que estás pensando practicar *online* y eres una mujer que trabaja fuera de casa gran parte del tiempo, casada y con dos niños. Buscando en la web encuentras estas opciones:

A. Una hermosa profe que vive sola y dedica su tiempo al yoga, la alimentación sana y viajar para hacer yoga en distintos lugares del mundo.

B. Un profe que hace unas asanas fantásticas, pero te asusta la complejidad de lo que ves. Es bien orientado a lo físico.

C. Una profe que es mamá y combina su amor por el yoga con el tiempo de familia y te cuenta cómo se organiza y comparte esta pasión con sus hijos.

¿A cuál crees que le compraría la clase de yoga esta mujer? ¿Con cuál de estas opciones se sentiría identificada y que agregaría mayor valor agregado por su estilo de vida? ¡Claro, la opción C, por supuesto!

Espero que la idea del ICA haya quedado clara. Es algo que en el mismo "hacer" vas a ir aprendiendo y profundizando más. Ahora vamos a trabajar un poquito.

1. PIENSA EN TU CLIENTE IDEAL Y DESCRIBE **TODO** DE ÉL:

A. NOMBRE
B. EDAD
C. GÉNERO
D. COLOR DE PELO Y OJOS
E. ESTADO CIVIL/SI TIENE HIJOS O NO
F. DÓNDE VIVE
G. CUÁL ES SU TRABAJO
H. CUÁNTO GANA
I. EN QUÉ CREE
J. QUÉ ES LO QUE LEE, QUÉ BLOGS SIGUE
K. QUÉ HACE EN SU TIEMPO LIBRE
L. CON QUÉ MARCAS SE IDENTIFICA
M. QUIÉN/ES SON SUS ÍDOLOS

2. AHORA DESCRIBE QUÉ NECESIDAD ES LA QUE TIENE QUE TÚ LE ESTÁS AYUDANDO A CUMPLIR. QUÉ PROBLEMA LE ESTÁS AYUDANDO A RESOLVER. CUÁL ES SU SUEÑO O DESEO QUE LE ESTÁS AYUDANDO A CUMPLIR.

3. DESCRIBE POR QUÉ DEBERÍA ELEGIRTE. QUÉ ES LO QUE TU PRODUCTO O SERVICIO LE OFRECE DE ESPECIAL PARA QUE TE ELIJA A TI.

El paso siguiente es cotejar esta información de tu cliente ideal con clientes verdaderos que encajen en este modelo que has armado. Sería muy bueno que puedas, al menos, entrevistar a entre tres y cinco personas.

Puedes invitarlas a tomar un café y tener una charla relajada, o hablarlo por teléfono, por Skype, por WhatsApp. Hoy la tecnología nos ofrece múltiples posibilidades para investigar y conectar con ese público potencial al que quieres llegar.

Tu objetivo principal es comprender verdaderamente qué es lo que necesita, lo que quiere, sus deseos y sus frustraciones. Así que no te estructures un cuestionario profesional, sino más bien permítete fluir y empatizar con tu entrevistada/o. Recuerda que eres experto en lo que estás haciendo, este es tu talento, tu don, y estás buscando la mejor manera de compartirlo con las personas.

¡Misión cumplida! ¡Lo estás haciendo súper! Hemos avanzado un montón, así que te mereces un momento especial para ti mismo, un mimo para tu alma, una atención para tu niño interior. ¿Qué te parece si te regalas algún masaje, sales a tomar un café con amigos, das una caminata escuchando linda música o tomas un baño con sales perfumadas? ¡Qué hermoso!

Es importante que vayas encontrando tu equilibrio entre el hacer y el disfrutar. Más allá de que estoy segura que estás disfrutando de este proceso de crear tu emprendimiento a partir de ser fiel a ti mismo, el poder descansar y regalarte un momento especial te ayudará a que puedas mantener tu nivel motivacional y energético bien arriba.

LA SOLUCIÓN MÁGICA NO EXISTE.
TU CAMBIO, TRANSFORMACIÓN
O SANACIÓN, REQUIEREN
DE TU COMPROMISO
Y DEDICACIÓN.

Capítulo 5

ORGANIZANDO LA INFORMACIÓN. PLAN DE NEGOCIOS

¿Qué es un plan de negocios y para qué sirve?

Un plan de negocio es un documento escrito que te servirá para formalizar y profesionalizar todo el trabajo que estás realizando. Aquí es donde describes tu negocio o proyecto que estás por comenzar.

El plan de negocios es útil para:

- Comunicar: a terceros interesados en tu proyecto como inversores, bancos, prestamistas.
- Planificar: analizar la información interna y externa del negocio para poder proyectar cuál será el rumbo a corto y largo plazo.
- Administrar: contener las metas y objetivos medibles y cuantificables para realizar el control de lo planificado con lo que realmente ha sucedido y realizar correcciones en la planificación, en caso de ser necesario.

El plan de negocios que vas a desarrollar aquí es principalmente para planificación y administración personal. Obviamente que, si estás pensando en buscar socios, presentarte en algún grupo de cooperación donde otorgan préstamos a emprendedores o a un banco, toda la información que desarrolles aquí te será de mucha utilidad, pero generalmente, estos organismos tienen modelos o requerimientos que pueden diferir unos de otros y diferir con el formato que utilizaremos aquí.

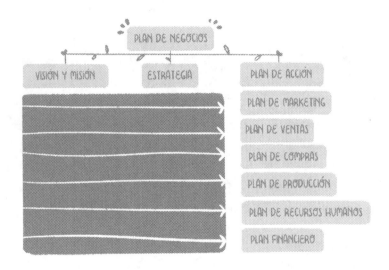

Desarrollando la misión de mi emprendimiento

Los pasos que realizarás a continuación te serán útiles para formalizar tu idea y manifestar tu sueño uniendo cielo con tierra (así me gusta llamar al proceso de utilizar herramientas terrenales para profesionalizar y enraizar nuestra misión de vida).

Para comenzar, escribe la misión de tu negocio, este es un primer paso para la acción, aquí comienzas a darle forma a tu idea, a tu sueño.

La definición de la misión (o razón de ser) es darle forma corpórea, estructura y sustento a la idea de negocio, desarrollar su propósito.

Comienza contestando las siguientes interrogantes de manera completa y precisa:

- ¿Qué ofreceré? (producto o servicio o ambos)
- ¿A quién se los ofreceré? (ICA)
- ¿A dónde lo ofreceré? (barrio, localidad, zona, provincia, país, continente, mundo)
- ¿Qué filosofía y valores quiero desarrollar y compartir a través de mi emprendimiento?
- ¿Por qué los clientes me elegirán a mí?

Cómo podrás ver, ya parte del trabajo lo tienes realizado. Esta es la oportunidad de plasmarlo formalmente por escrito y con un orden.

La misión es la razón de ser de tu emprendimiento. Es el alma del negocio, lo que inspira, lo que da fuerzas. Es tu propósito extendido a tu equipo, a la sociedad en general. Es todo lo que buscas abarcar como emprendimiento, todos los aspectos que quieres cubrir gracias a tu emprendimiento.

Por ejemplo, qué es lo que planteas en términos de rentabilidad, responsabilidad social, cultura organizativa, responsabilidad ambiental, etc.

Desarrollando la visión de mi emprendimiento

La visión es la fijación de un futuro realista, creíble y atractivo. La visión es la responsable de establecer el norte del emprendimiento, hacia dónde quieres llegar.

Para desarrollar la visión de tu emprendimiento, responde las siguientes interrogantes:

- ¿Qué es lo que quieres transmitir con tu marca? ¿Qué te gustaría que digan de tu marca?
- ¿Qué productos o servicios crearías? ¿Qué nuevos usos podrías desarrollar en un futuro para tu producto o servicio?
- ¿Qué otras necesidades crees que se complementarían con lo que ofreces y qué te gustaría incorporar en un futuro?
- ¿Cómo enfocarías la fuerza de ventas para ingresar, mantenerte y crecer en el mercado?
- ¿Cuánto dinero producirá tu emprendimiento por año, ¿cuál será tu ganancia neta?
- ¿Por qué ese dinero es importante para ti?
- ¿Cuáles serán tus fuentes de ingresos en el futuro?
- ¿Cómo organizas tu tiempo de trabajo diariamente, semanalmente, mensualmente y anualmente?
- ¿Cómo es tu equipo de trabajo? ¿Cuántas personas trabajan contigo? ¿Qué es lo que hace cada una? ¿Están todas en relación de dependencia? ¿Tienes asistentes virtuales?
- ¿Cuál es el impacto positivo que está teniendo tu trabajo en el mundo? ¿En qué estás colaborando al realizar eso que tanto amas hacer?
- ¿Qué tipo de promoción estás realizando? ¿Cómo se enteran tus clientes potenciales de tus actividades? ¿Cómo y dónde conectas emocionalmente con tus clientes?

- ¿Quiénes son tus colegas? ¿Cómo te relacionas con ellos? ¿Estableces redes de trabajo para colaborar unos con otros?
- ¿Cómo luce tu espacio de trabajo y cómo te sientes trabajando allí?
- ¿Viajas con frecuencia? ¿A dónde?
- ¿Cómo te sientes creando y dirigiendo tu propio negocio?

Este batallón de preguntas te ayudará a visualizar tu vida y tu emprendimiento de manera completa, teniendo en cuenta detalles de cómo combinar tu trabajo con tu vida, cómo organizar tus tiempos, el espacio ideal donde vas a trabajar, etc.

Te invito a utilizar todo lo que te motive y te inspire en tu visión. Puedes trabajar con un plano de tu lugar de trabajo y diagramar cómo lo vas a organizar, decorar y acomodar para optimizarlo. También puedes armar un *vision board* (tablero de visión) con las imágenes de tu proyecto, cómo quieres que sea, cómo se verá en el futuro, el dinero que ganarás, tus clientes contentos, los beneficios que te dará el éxito que tendrás, cómo utilizarás tus ingresos y todo lo que se te ocurra que inspire tu alma y te mantenga motivado y en acción.

Crea tu historia completa viajando en el tiempo hacia tu visión ideal de vida y de negocio, incluye todos los detalles que más puedas y mucho mejor si la escribes en tiempo presente, en primera persona y en positivo. ¡Sí! Con afirmaciones. Todo sirve para energizar y empoderar tu nueva vida, la manifestación de tu sueño, la creación de la realidad que deseas vivir. Deja volar tu imaginación lo más lejos posible. Creer es crear y eso es lo que tú estás haciendo en este momento.

Definiendo la estrategia

Es momento de empezar a bajar esos sueños a la Tierra y, para comenzar a concretarlos, lo que haremos es ir desde el futuro hacia el presente, estableciendo estrategias y objetivos que te permitan comprometerte y afianzarte en la creación de tu negocio.

Comenzaremos definiendo la estrategia genérica de tu emprendimiento. Aquí eliges si quieres realizar:

<u>Estrategia de liderazgo en costos</u>: se ingresa al mercado ofreciendo el precio más bajo. En este mercado puedes encontrar, por ejemplo, los Walmart, Carrefour, etc.

Hay que tener muchísimos recursos y un poder de compra importante para comenzar desde aquí y tal vez no es el tipo de negocio al que apunte tu habilidad, ¿o quizás sí? Si tu habilidad radica en la compra-venta o en producir cosas a un costo menor que lo que hay en el mercado, entonces esta es tu estrategia.

<u>Estrategia de diferenciación:</u> ofreces al mercado un producto o servicio con características propias, diferentes. El objetivo es diferenciarse del resto, ofrecer algo único, que pueda percibirse así por nuestro cliente.

Personalmente, creo que esta es la estrategia conveniente para emprender, en especial porque aquí te estás planteando un emprendimiento desde tu misión de vida, partiendo desde tus habilidades únicas y, para ello, vas a desarrollar una creatividad que no tiene límites, ya que nace de algo que te apasiona.

Por esa razón, al enfocarte en una estrategia de diferenciación tienes la posibilidad de no competir por precios, sino competir en calidad. Salvo que tu habilidad sea fabricar una gaseosa cola 'como los dioses' y que tengas los recursos para ingresar a competir con Coca Cola o Pepsi, ¿se entiende el concepto?

<u>Estrategia de focalización:</u> consiste en concentrar el accionar del emprendimiento en un grupo específico de clientes, un tipo de producto o una región específica. Creo que esta estrategia también te será útil. Ya que, por ejemplo, al especificar muy bien tu ICA, ya estás focalizando.

Otras decisiones estratégicas que ayudarán a organizar tu agenda:

- ¿Mi trabajo será *full time* o *part time*?
- ¿Comienzo solo o con un socio?
- ¿Cuánto dinero estoy dispuesto a invertir?
- ¿Tengo el dinero o tengo que acudir a un préstamo?
- ¿Tengo un producto/servicio estrella? Es decir, un producto/servicio que hayas desarrollado súper completo, que no haya nada igual en el mercado, que puedas ofrecerlo a un precio totalmente diferencial y para el cual desarrolles servicios especiales de pre y postventa.
- ¿Cuál será la imagen de mi marca? ¿Qué quiero transmitir con ella? Aquí es importante que definas los colores que utilizarás, el tipo de letra, las imágenes para tus comunicaciones, etc. Desarrollar lo que se denomina *branding*.

  Hay variada información en la web sobre desarrollo de marca que te puede ser muy útil para orientarte en este punto. Es muy importante que puedas identificarte con tu marca y que tus clientes se identifiquen con ella. La marca es la que transmite, inspira, contagia, fideliza, te hace querer ser parte.

- ¿Trabajo en casa o alquilo un local? Te cuento un poco las ventajas y desventajas a tener en cuenta al analizar el trabajar en casa o no. Todo depende de tu profesionalismo y organización. En mi caso, escribir y toda la parte de redes sociales y atención *online* la realizo desde casa, mientras que las sesiones presenciales y talleres los realizo en mi consultorio o en lugares donde se realicen talleres o retiros. Veamos las ventajas y desventajas.

POSITIVO:

- AHORROS MUY IMPORTANTES
- TOTAL LIBERTAD EN EL MANEJO DE LOS TIEMPOS Y HORAS.
- SE COMPARTE MÁS TIEMPO CON LA FAMILIA.

NEGATIVO:

- TENDENCIA A LA DISPERSIÓN ANTE LA FALTA DE UN AMBIENTE PROFESIONAL.
- PÉRDIDA DE CONTACTO DIRECTO CON LO QUE SUCEDE EN EL MERCADO.
- RIESGO DE CONVERTIRSE EN UNA ACTIVIDAD AMATEUR POR FALTA DE PROFESIONALISMO.
- INVASIÓN DEL NEGOCIO EN LA FAMILIA HACIENDO DIFÍCIL DELIMITAR DÓNDE COMIENZA UNO Y DÓNDE TERMINA LA OTRA

Plan de acción

Ahora, ya teniendo organizada tu macro idea y definidos tu cliente ideal, visión, misión y la estrategia que vas a seguir, llegó el momento de planificar la acción.

Aquí empezarás a ser concreto y también utilizarás tiempos de ejecución ya que lo que queremos evitar es la procrastinación ¿Sabes lo que es la procrastinación? ¡Es dejar para mañana, lo que puedes hacer hoy! ¡Perderte en análisis, investigación y planes sin actuar!

Por eso, como dice Marie Forleo "no tiene que ser perfecto, solo tienes que hacerlo", a lo cual yo le agregaría que ajustamos a medida que accionamos. Solo a través de la acción es que realmente aprendemos.

Objetivos

¿Cuáles serán tus objetivos a alcanzar durante tu primer y segundo año del emprendimiento?

Los objetivos deben estar expuestos en el tiempo, ser cuantificables y medibles para poder evaluar si están resultando. Además, tienen que ser alcanzables y motivarte para su logro. Los objetivos serán el GPS que guiará tu emprendimiento para alcanzar tu visión y misión. La propuesta aquí es que puedas desarrollar objetivos para cada área que interviene en un emprendimiento.

Al comenzar, generalmente estamos solos. Pero luego, el crecimiento del emprendimiento requiere que formemos nuestro equipo, que comencemos a delegar funciones para nosotros enfocarnos en nuestras fortalezas.

Es importante, empezar ordenados en nuestro emprendimiento desde su origen. Nosotros, como creadores del emprendimiento somos su cabeza, mientras que la administración, que es donde radican estos planes, es su corazón.

Si partimos ordenados y con claridad, tenemos más posibilidades de que nuestro emprendimiento sobreviva a los primeros años que son de aprendizaje y de prueba y error para nuestros planes.

Marketing

- **Desarrollo de producto o servicio**. Lo que vas a ofrecer. Detalla cada producto o servicio, con las características que tendrá y las necesidades específicas que cubrirá.
- **Servicios pre y postventa**. Como quieres hacer sentir único a tu cliente, debes tener en cuenta los servicios previos a la venta, todo aquello que sirve para que tu cliente te elija. Y también los servicios postventa, que son las acciones que realizarás luego de venderle a tu cliente, para que se sienta más a gusto y contenido con el servicio que brindas. Recuerda que buscas diferenciarte del resto. Tu servicio debe ser único y súper completo.
- **Estrategias de lanzamientos**. Una para cada producto o servicio.
- **Distribución**. Cómo llegará el producto o servicio a tu cliente.
- **Tu mercado objetivo**. Cantidad de clientes potenciales y cantidad de clientes activos que hay en el mercado donde vas a introducir tu producto o servicio.

- **Comunicación. Fidelización.** ¿Cómo llegarás a tu cliente? ¿Qué medios de comunicación utilizarás? ¿Cómo harás que relacionen tu producto directamente con su necesidad y te elijan a ti? ¿Cómo harás para que se identifiquen con tu marca, sientan pertenencia, quieran ser parte?
- **Redes sociales. Web.** ¿En qué redes sociales estarás presente? ¿Tendrás web? ¿Escribirás un *blog*? ¿Grabarás videos para YouTube? ¿Lo harás solo? ¿Contratarás a alguien?
- **Definición del precio.** Conocer cuáles son los costos que vas a tener, conocer los precios referentes del mercado y definir el rango de precio que vas a utilizar en función a la rentabilidad que esperas obtener, con precaución de no quedar fuera de mercado. Equilibrio costo-beneficio.

Ventas

- **Materia prima.** Productos a utilizar para brindar mi servicio o para fabricar.
- **Productos a vender.** Rentabilidad deseada versus precio de mercado, versus competencia (lo que abordamos en definición de precios). Estos productos pueden ser aquellos que ofreces a tus clientes para complementar tu servicio. Por ejemplo, un peluquero que tiene *shampoo* y acondicionador para vender en su salón de belleza y, de esta manera, sus clientes pueden mantener su cabello cuidado mientras no van a la peluquería. También pueden ser los productos que se venden en la cadena comercial, suponiendo que quieres tener venta de calzados, perfumería, etc. Aquí hay que tener en cuenta a qué precio se va a vender y qué márgenes de ganancia tendrán esos productos.
- **Stock mínimo.** Lo necesario para comenzar.

- **Política de venta.** Financiamiento al cliente y venta de contado. Utilización de herramientas financieras como cheques, tarjetas de crédito, criptomonedas, billeteras virtuales, etc. Importante su definición, implementación, control y respeto por la política que se ha elegido.
- **Planificación de promociones.** Ten en cuenta las festividades, distintas épocas del año, iniciativa propia, etc.
- **Servicios diferenciados. Innovación.** Lluvia de ideas de todo lo que se te ocurra para marcar la diferencia en lo que estás ofreciendo. Esto te permite tener una amplia gama de opciones durante un lapso prolongado de tiempo y marcar tendencia en lo tuyo.

Compras

Aunque ofrezcas un servicio, siempre necesitas material de apoyo para realizar tu servicio. Por ejemplo, si eres peluquera, vas a necesitar materia prima (tinturas), herramientas (secador, tijeras) y mobiliario (sillón, lavacabezas). Lo mismo si eres contadora, ya que necesitarás impresora, computador, escritorio, equipamiento de oficina, etc.

Como ves, es importante que tengas un plan de compras que te sirva como presupuesto de guía para tu organización.

En el área de compras deberás analizar presupuestos para elegir tus proveedores, donde evalúes no solamente el precio, sino también el asesoramiento, la calidad de atención y el tiempo de entrega.

En caso de que tu emprendimiento sea de compra y venta o que tengas producción propia, debes incorporar en tu plan:

- Materias primas necesarias
- Lugar de almacenamiento
- Gestión de *stock* (para evitar que el vencimiento de los productos o que te queden productos fuera de temporada, por ejemplo, en el caso de la ropa).

Producción

Si vas a realizar producción debes determinar:

- **Cómo serán tus procesos de producción.** Detallar los procesos te servirá como una cuestión de orden, estandarización, profesionalización y también para poder delegar.
- Si vas a utilizar máquinas, define qué tipo de máquinas y el monto necesario para adquirirlas.
- **Cuál será el *lay out* u organización de tu espacio de producción o fabricación.** El *lay out* es imprescindible cuando hablamos de producción, ya que permite la optimización de tiempo y espacio, ahorro de insumos y te ayuda a mejorar tu productividad.

Recursos humanos

Todas las áreas del emprendimiento son importantes y necesarias. Me gusta ver nuestro emprendimiento como un cuerpo humano, donde tenemos:

- Cabeza: creador o fundador
- Corazón: área administrativa

- Sangre: el dinero, la rentabilidad
- Los brazos y las piernas: las personas que trabajan contigo. Ellas son quienes te ayudarán a cumplir con la visión y misión planteada.

Aquí es muy importante comprender que ya sea que tercerices o contrates a las personas para que formen parte de tu emprendimiento, ellas son parte muy importante del crecimiento de tu negocio y del tuyo como persona.

No quiero entrar en mucho detalle, para no marearte. Solo quiero que tengas en cuenta tu sentir con respecto al trabajo en equipo, cómo te sientes delegando y liderando. Porque ese será tu rol aquí.

También define qué tipo de cultura organizacional quieres crear. Cuáles son los valores que quieres que tenga tu equipo de trabajo, cómo quieres que ellos se sientan en el emprendimiento.

En la formación de tu equipo de trabajo tienes tres opciones, que pueden utilizarse según tus objetivos:

- **Tercerizar**, es decir, contratar a alguien por fuera del emprendimiento. Puede ser un *freelance*, por ejemplo.
- **Contratar por tiempo determinado**, por ejemplo, a un profesional para que haga un desarrollo y una vez que cumplió con su contrato, la relación laboral culmina. El contrato se extingue.
- **Contratar por tiempo indeterminado** a empleados en relación de dependencia.

¿Qué debes tener en cuenta?

- **Costos** de ambas alternativas.

- **Ventajas y desventajas** de cada una en relación a tu emprendimiento. Cada alternativa tiene diferentes costos y riesgos. Es conveniente que analices, además de estos costos, cómo te sentirás tú con ambas opciones. Creo que es conveniente que primero determines cuáles serán las necesidades a cubrir con el personal y en función a ellas podrás determinar con cuál alternativa te podrá ir mejor.

- **Si tienes personal en relación de dependencia**: ¿Cuál será la estructura (organigrama) de organización interna? ¿Qué habilidades debe tener el personal para cada puesto que necesitas? ¿Cómo se constituirá su remuneración y beneficios? ¿Qué funciones tendrán? ¿Cuáles serán sus responsabilidades, sus obligaciones y sus objetivos?

Es importante formar un equipo de trabajo que se sienta parte de tu empresa. Fomentar la participación activa y destacar la importancia de todos "empujar" hacia el mismo lado. Aquí es importante aprender algunas habilidades de liderazgo, que para algunas personas es innato, mientras que otras necesitan desarrollarlo. Considero muy importante ponerse en el lugar del otro y actuar de la manera que te gustaría que te trataran a ti, si fueras empleado o contratado por la empresa, para ofrecer un espacio de trabajo cálido, motivador y que genere pertenencia en los miembros del equipo.

Finanzas

Esta parte es muy importante en el desarrollo de tus planes y muchas veces no es realizada a consciencia, ya que para muchos resulta engorroso o le tienen 'miedo a los números' o no se sienten capaces, por desconocimiento del tema.

Sin miedo, sabiendo que estamos aprendiendo, busca ayuda profesional, asesoramiento. Habla con entendidos en el tema. Investiga. Todos tenemos potencial para hacerlo. Aquí te comparto lo básico que tienes que tener en cuenta:

- **Dinero que invertirás.** Si es propio o prestado. Si es prestado, cuál es la tasa de interés que deberás pagar, los montos de las cuotas y la cantidad de las mismas.
- **De dónde vas a obtener el financiamiento para comenzar.** Ahorros, familia, microcréditos del gobierno, banco, proveedores, etc.
- **Cómo se gestionarán los ingresos y egresos.** Cómo serán los controles. Utilizarás un soporte informático, es decir, una planilla Excel o un *software* de gestión, o simplemente llevarás en un cuaderno los registros.
- **Qué medios de cobros aceptarás y cuáles son los medios de pago que aceptan tus proveedores.** Cuáles son los plazos de cobro que le asignarás a los clientes y cuáles son los plazos de pago exigidos por tus proveedores.

Por ejemplo, si optaste por financiar a tus clientes, es decir, abrirles cuenta corriente para que te abonen dentro de 30 días, ese plazo que determinaste debe ser inferior al tiempo de pago que te ofrecen tus proveedores. En este caso, tus proveedores te tendrían que permitir pagar entre los 30 y 60 días para que tus finanzas sean ordenadas y los ingresos cubran estos pagos.

- **Rentabilidad bruta y rentabilidad neta planteada como objetivo.** La rentabilidad bruta se obtiene de ventas menos costo de ventas (costos de ofrecer tu producto o servicio) y la rentabilidad neta resulta de restarle a la rentabilidad bruta, todos los gastos necesarios para el funcionamiento del negocio (aquí entrarían los servicios, fletes, sueldos, librería, publicidad, etc). Para ser aún más prolijo y que la información esté organizada fácilmente para su análisis y posterior toma de decisión, puedes ordenar tus gastos en gastos comerciales, gastos administrativos y gastos financieros.

- **Asignar cuál será tu sueldo.** No puedes retirar todo el dinero de la caja. Tu emprendimiento es algo separado de ti, aunque estés solo en él. Si utilizas de manera desordenada los fondos, no le permitirás crecer a tu negocio. Por eso es importante armar un presupuesto que te ayude a organizarte, como el que te mostraré más adelante.

Aspectos legales/fiscales

- **Requisitos Afip (o tu ente recaudador nacional), rentas (ente recaudador provincial), municipalidad, inscripciones.** Cada país, cada Estado, posee sus propias reglas. Es importante estar informado para cumplir con estos aspectos y, además, tener en cuenta el costo que implica cumplir con todas las inscripciones y regulaciones para que el emprendimiento esté funcionando.
- **Unipersonal o sociedad.** Contrato, acuerdo entre las partes, organización, sueldos, distribución de resultados, inversión acordada. Todo lo que implica un acuerdo entre partes, cuyas formalidades dependerán de la confianza que tengas con quienes vayan a ser tus socios, en caso de que hayas decidido esta modalidad. También puedes formar una sociedad legalmente constituida. En este caso es importante que puedas asesorarte por profesionales

responsables y de tu confianza para la elaboración y registro del mismo en las entidades competentes.

- **Contador y abogado de confianza.** Es importante recurrir a profesionales que puedan orientarte y asesorarte en cuestiones que desconoces. Cuáles serán sus honorarios es algo que debes tener en cuenta para armar el presupuesto. Recuerda, 'lo barato sale caro', decimos en mi país. Elige personas que te generen plena confianza, que confíes en su asesoramiento. También ten en cuenta que estos profesionales te asesoran, pero quien corre el riesgo e invierte eres tú, con lo cual, la decisiones finales siempre son tuyas y debes sentirte seguro y convencido cuando las tomes.

Como dice el refrán, 'zapatero a sus zapatos'. Cada uno con su especialidad. Es importante que aprendas a escuchar, que te capacites y que te rodees de personas que sepan más que tú, para que puedas estar constantemente aprendiendo.

Al final de este libro te dejaré bibliografía y páginas web que pueden serte útiles para profundizar más en cada tema. Me apasiona el funcionamiento de las empresas, en especial cuando comienzan a formarse, pero este libro no tiene como fin hacerte un experto de negocios, sino que puedas transformar tu pasión en tu emprendimiento ¡comenzando ya!

Si nos detenemos ahora en mucha teoría, demoraremos la puesta en marcha y esa no es mi idea. Quiero verte en acción y que mientras experimentas vayas puliendo y mejorando lo que necesites.

'En la cancha se ven los pingos' es un dicho muy nuestro, de los argentinos, y es algo como que en la acción es donde se ve tu verdadera habilidad. Así que, continuemos avanzando. Espero que tu plan de negocios esté quedando precioso y, fundamentalmente, que sea una fuente de inspiración e información para ti.

5 CLAVES PARA
EMPRENDER CON ÉXITO

1 CONOCERME: FORTALEZAS,
DEBILIDADES, TALENTOS, DONES.

2 DEFINIR QUÉ ES LO QUÉ QUIERO.

3 PLAN DE DESARROLLO INTERIOR

4 PLAN DE NEGOCIOS

5 HACERLO

Modelos de planillas para el análisis de tu emprendimiento

Te comparto cuatro planillas para que puedas transcribir los números que necesitas analizar de tu emprendimiento. Estos son los primeros pasos de gestión para comenzar organizado.

INVERSIÓN INICIAL	$
DECORACIÓN Y REFORMA LOCAL	
MOBILIARIO	
MÁQUINAS	
EQUIPO INFORMÁTICO	
VEHÍCULO	
MATERIA PRIMA O PRODUCTOS	
PROGRAMA INFORMÁTICO	
DESARROLLO WEB	
CAPACITACIÓN	
INSCRIPCIONES IMPOSITIVAS	
HONORARIOS PROFESIONALES	
OTROS GASTOS	
TOTAL	

FUENTE DE FINANCIACIÓN	$	INTERÉS MENSUAL	VALOR DE LAS CUOTAS	CANTIDAD DE CUOTAS
FONDOS PROPIOS				
PRÉSTAMO BANCARIO				
OTROS PRESTAMISTAS				
TOTAL FINANCIACIÓN				

GASTOS MENSUALES	$
ALQUILER	
ELECTRICIDAD, GAS Y AGUA	
IMPUESTOS	
COMBUSTIBLE	
MANTENIMIENTO Y LIMPIEZA	
TELEFONÍA E INTERNET	
PUBLICIDAD	
MATERIAL DE OFICINA	
SEGUROS	
HONORARIOS PROFESIONALES	
SEGUROS	
VIÁTICOS/CAPACITACIONES	
SUELDOS	
OTROS GASTOS	
TOTAL DE GASTOS	

VENTAS MENSUALES	$	COSTO DE VENTA $	VENTA NETA $	GASTOS	RESULTADO
PROD 1					
PROD 2					
SERV 1					
SERV 2					
TOTAL VENTAS					

La era de la información

Internet

Sea cual sea el emprendimiento que comiences, debes tener en cuenta que necesitas tener presencia no solo en Internet a través de un *blog* o una página web, sino también en las redes sociales.

Estamos continuamente bombardeados con publicidad y mensajes de personas y empresas que ofrecen sus servicios a través de las redes sociales.

Tú mismo reconoce que buscas todo a través de Google y seguramente te pierdes navegando en páginas de la temática que te interesa. Ya casi no ves televisión porque prefieres ver algún video de tu agrado en YouTube o una serie en Netflix, ¿o me equivoco?

Así es, las cosas han cambiado mucho y si quieres que tu cliente sepa de ti y lo que tienes para ofrecerle, no podemos obviar esta parte tan importante de tu negocio.

¿Cómo hacer si no tienes idea de diseñar una página web?

Si no tienes conocimientos para realizar tu página, tranquilamente puedes comenzar por un *blog* a través de WordPress o Wix, ambas plataformas ofrecen armar tu *blog* o web de manera gratuita para comenzar, sin inversión.

De todos modos, tener tu propio dominio no es algo caro y te aseguras de proteger el contenido que creas. Si eres principiante y no te llevas muy bien con la tecnología puedes contratar a un profesional que te diseñe la página. En este caso ya se encarece un poco más y necesitas tenerlo en cuenta en tu presupuesto de inversión. Además de los recursos financieros (dinero) también necesitas un período de tiempo que acuerdes con la persona a quien contrates.

Por experiencia personal, te sugiero que tengas muy en claro qué tipo de página web quieres. Busca modelos que te identifiquen y realiza un diagrama de cómo quieres que se vea. De esta manera, te será más fácil comunicar tus necesidades y lograr que tu sitio web te represente en un 100 %.

Lo que recomiendo siempre es ser lo más profesional posible y eso se transmite a través de la imagen y la frecuencia en la que escribas en tu *blog* y/o en las redes sociales. Por ejemplo, bombardear un día subiendo un montón de información y luego pasar un mes sin escribir nada es poco profesional, demuestra poca seriedad y falta de compromiso.

Será necesario que realices tu estrategia de presencia en la web definiendo:

- Redes sociales en las que participarás. No es necesario que estés en todas. Elige en función a donde te sientes más cómodo y a dónde se encuentra tu cliente potencial.
- Frecuencia de publicaciones
- Calendario editorial de los temas que escribirás
- Calendario editorial de promociones, sorteos y demás estrategias de ventas que quieras utilizar en la web
- *Blog* o página web, diseño, frecuencia de publicaciones
- Si participarás o no a través de YouTube para reforzar tu presencia
- Si tercerizarás, realizarás tú mismo todo el trabajo o si delegarás una parte.

Redes sociales

Hoy nos encontramos con una gran variedad de redes sociales, las cuales cubren diversidad de gustos y edades. Una de las más populares y de gran cantidad de adeptos es Facebook. En Argentina sigue siendo la red social más elegida, seguida por Twitter e Instagram.

Para elegir cuál o cuáles son las redes sociales donde necesitas estar presente para llegar a más clientes, tienes que ver dónde se encuentra tu cliente potencial. Por ejemplo, los adolescentes están más presentes en Instagram y Snapchat, las personas de más de 30 años se pueden encontrar en Facebook y Twitter, y si tu público son los profesionales y las redes de profesionales, quizás te sea conveniente LinkedIn. Estos ejemplos que te doy no son excluyentes; no quiere decir que personas de 40 años no tengan Instagram, sino que la tendencia de las edades que utilizan esa red social es más bien de jóvenes.

Todo lo que sea tecnología, redes sociales e Internet cambia constantemente. Hay muchos profesionales que se dedican a estas áreas y te mantienen informado para que tomes las mejores decisiones, de modo que tu emprendimiento sea visible y exitoso en la web.

Nuevamente te repito la importancia de que seas muy ordenado con tus tiempos y tu agenda, porque las redes sociales son muy adictivas y pueden quitarte productividad y eficiencia. La idea es que tú le saques provecho a las redes y a Internet y no que las redes te tomen a ti. ¿Ok?

Por otro lado, también existe YouTube. Ten en cuenta que esta plataforma es de Google y es un buscador, no es una red social. Cuando está bien configurado el canal puede llegar a muchas personas, en especial a aquellas con el perfil de tu cliente.

Capítulo 6

ORDENANDO.
PLANIFICACIÓN EFECTIVA

Enfoque

¿Cómo te sientes hasta aquí? Todo lo que hemos realizado busca ir aclarando y ordenando para que puedas implementar tu emprendimiento. Ese emprendimiento que te ayudará a vivir una vida próspera, porque buscas ganar dinero y tener calidad de vida. Consciente, porque estás haciendo de tu emprendimiento, tu lugar de aprendizaje y crecimiento personal. Y con propósito, porque apuntamos a compartir nuestros dones y talentos, contribuyendo a mejorar la vibración de nuestra economía, de nuestro mundo.

Lo que sucede cuando llegamos a este punto es que la información y la energía que hemos movilizado es tanta que no sabemos por dónde empezar.

Por eso, en esta edición mejorada de *Me conozco, luego emprendo*, decidí sumar una herramienta de planificación efectiva, que he desarrollado a través de estos años de trabajar con tantos emprendedores. Y es que he visto que hay un bache, un vacío, entre lo planificado para el emprendimiento y la puesta en marcha o implementación.

Es tanto lo que queremos cumplir, que muchas veces nuestra mente se queda conectada allá en el largo plazo, en esa visión y misión que nos inspira, mientras que en el aquí y el ahora, empieza la duda de ¿por dónde empiezo?

Fundamentalmente, debemos comprender que el emprendimiento es un **proceso**. No sucede de la noche a la mañana. No nos hace ricos de la noche a la mañana, ni tampoco, tiene la obligación de hacernos felices.

Nuestro emprendimiento requiere nuestra energía, nuestra atención, dedicación, paciencia y constancia. Es una extensión nuestra en la vida.

Así que vamos a ordenarnos para que puedas comenzar con la implementación.

Lo primero será organizar tus objetivos en el tiempo. Y la invitación es que esta organización integre tu vida personal con tu negocio.

Vamos a empezar con una evaluación de tu momento presente, de cómo te encuentras en tu vida en este momento. Para ello te invito a que completes esta Rueda de la vida, donde tienes que colorear del 1 al 10 (1 es el centro) en función de cómo evalúas que te encuentras en cada una de esas áreas de tu vida en este momento.

Ejemplo:

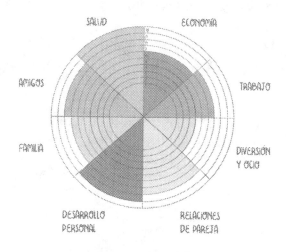

Tu rueda de la vida:

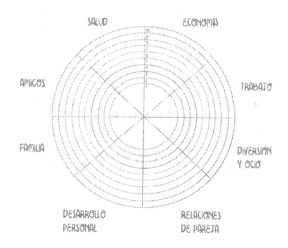

Ahora ya sabes cómo te encuentras y cuáles son las partes de tu vida a las que tienes que prestarle atención, además de tu emprendimiento. Te invito a que escribas cómo te encontrarás en tu vida dentro de 10 años, dentro de 5 años y dentro de 1 año.

Este ejercicio lo realizarás con afirmaciones a modo de lluvia de ideas, donde deberás incluir los objetivos personales de la Rueda de la vida y los de tu emprendimiento.

Entonces:

CÓMO TE VES DE AQUÍ A 10 AÑOS?

CÓMO TE VES DE AQUÍ A 5 AÑOS?

CÓMO TE VES DE AQUÍ A 1 AÑO? ES DECIR, CÓMO TE VES EL
AÑO QUE VIENE CUANDO ESTÉ CULMINANDO.

Objetivos del primer año

Vas a elegir los objetivos a cumplir durante el transcurso del año
y los vas a escribir según el orden de importancia que tienen
para ti. El año tiene 12 meses, así que vamos a poner como tope

doce objetivos personales, excepto que te sientas capaz de cumplir con más.

Con respecto al emprendimiento, vas a colocar los objetivos ordenados por cada área del plan de negocios que has realizado.

Es importante que tengas en cuenta tu realidad, para que los objetivos sean alcanzables, que te motiven y que no te estresen.

El cuadro que verás a continuación, te servirá para establecer plazos de ejecución para cada objetivo.

Aclaraciones:

Fecha de inicio: fecha en que comenzarás con la acción.

Duración: tiempo estimado que durará la acción. Por ejemplo, si es una publicidad, el tiempo en que estará vigente.

Tiempo límite: es la fecha final que tienes, tu límite en caso de que la planificación se extienda. Por ejemplo, lanzamiento de tu página web: fecha de inicio 1 de febrero de 2020; duración del desarrollo: 3 meses; tiempo límite: 1 de junio de 2020 (esa sería la fecha en que tu página web ya debería estar publicada).

Te recomiendo que utilices un cuadro para definir tus objetivos personales y armes otro con los objetivos de tu emprendimiento organizados por área. Así, el ejemplo de los objetivos del emprendimiento podría ser:

Objetivos de ventas: vender 50.000 dólares el primer año.

Duplicar nuestra lista de suscriptores (actualmente 1.000) en 3 meses.

Aumentar nuestro porcentaje de conversión (actualmente 0,5 %) y llevarlo a 1 % en 6 meses.

<u>Objetivo de finanzas:</u> llevar el plazo de cobro de clientes a 30 días (ahora es de 50 días) en un período de dos a tres meses.

ORDEN	ÁREA	OBJETIVO	TIEMPO LÍMITE

Planner anual

Ahora vas a utilizar este *planner* anual para ir pasando esos objetivos al mes que corresponden. Puedes utilizar un color para los objetivos personales y otro color para los objetivos del emprendimiento. O también, duplicar el *planner* como te recomendé que hicieras con el de los objetivos.

Adapta esta herramienta a tu gusto y necesidad. Puedes copiar este *planner* en tu computadora o hacer uno en una cartulina o cualquier papel de tu agrado, si quieres tenerlo más grande y al alcance de tu vista.

La idea aquí es que visualmente puedas tener ordenado de manera simple y precisa lo que te has propuesto hacer, avanzar o cumplir en cada mes.

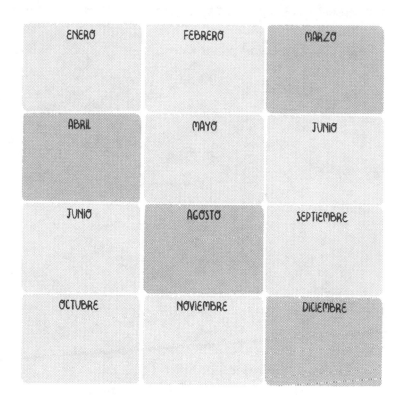

Transformar los objetivos mensuales en metas

Para cumplir con tus objetivos, es importante que los desmenuces en metas concretas más específicas, es decir, en las acciones necesarias que llevarás a cabo cada mes para alcanzar esos objetivos.

Las metas las puedes detallar por trimestre, cuatrimestre o semestre. Por ejemplo, armas las metas para los próximos tres meses. Al pasar los tres meses controlas cuánto has avanzado, qué cambios tienes que hacer en lo que has planificado y escribes las metas para los tres meses que siguen.

Esta metodología, simple y precisa, te permite tener un plan de acción concreto para controlar tu avance, determinar variaciones y realizar los ajustes que consideres necesarios.

Ejemplo de metas:

Enero:

Objetivo: terminar mi libro

Metas:

1. Escribir los últimos dos capítulos en las primeras dos semanas
2. Escribir la propuesta del libro para las editoriales
3. Hacer listado de posibles editoriales y armar correo electrónico modelo para enviar
4. Enviar el correo a las editoriales
5. Analizar conveniencia de tener un agente
6. Analizar ventajas y desventajas de autopublicar.

Agenda y planificador de nuevos hábitos

Ahora es momento de unir todo lo que tienes en tu agenda. Ten en cuenta que en tu semana tiene que haber un equilibrio en las actividades. Para ello puedes guiarte por tu Rueda de la vida e ir buscando la armonía.

Encuentra tu forma única de organizarte. A mí me es más cómodo ordenarme por semana, ya que es imposible que en un solo día pueda hacer todas las actividades que me propongo en mi Rueda de la vida.

Dedico un día a la semana para planificar las actividades de esa semana. Generalmente puede ser domingo en la tarde o lunes a primera hora de la mañana. Esto me permite tener un orden donde puedo equilibrar mi actividad física, familia, ocio, amistades, crecimiento personal, actividades de mi emprendimiento y otros.

Me es muy útil, además de la agenda, trabajar con mi planificador de control de hábitos. Lo utilizo de manera mensual y el objetivo es comenzar a incorporar siete hábitos nuevos por mes. Generalmente mantengo al menos dos meses la práctica de esos nuevos hábitos para que realmente se transformen en algo propio. Y es que, según el *coaching* y diferentes corrientes científicas, lleva entre 21 y 44 días adquirir un nuevo hábito. Varía según la predisposición e intensidad de la práctica de la persona. Así tenemos por ejemplo:

Según mi formación de *coaching*:

21 días, inicia el cambio permanente

42 días, transformación de un arquetipo creado

84 días, transformación de un arquetipo de la infancia

108 días, transformación de un arquetipo heredado de generaciones pasadas.

Según la filosofía Kundalini:

40 días de meditación cambian un hábito.

90 días de meditación confirman el nuevo hábito.

120 días de meditación hacen del nuevo hábito quien tú eres.

1.000 días de meditación se traducen en que tú dominas el nuevo hábito y tienes una noción de lo que significa ser un maestro en esta meditación.

¿Ahora entiendes porqué le dedico al menos 60 días a mis nuevos hábitos?

Te comparto un ejemplo de cómo completarla y una planilla de control de hábitos para que puedas elegir cuáles serán los hábitos en que te enfocarás.

CONTROL DE NUEVOS HÁBITOS — LALY

El miedo, esa emoción que siempre va a estar

Antes de culminar este capítulo, quiero hablarte un poquito acerca del miedo. Esa emoción aparece siempre, para cuidarnos y para que nos quedemos en nuestra zona de confort, que es aquello que conocemos y que es más seguro.

Seguramente, es la emoción con la cual estás lidiando en este momento, que ya tienes todo listo para accionar en los cambios que has trabajado en este libro.

El miedo asegura nuestra supervivencia, pero está en nuestra cabeza. Te invito a observarte para saber desde qué lugar viene tu miedo:

¿Viene de creencias que arrastras de tu familia?

¿Viene de algo que alguna vez te dijo alguien y le diste demasiada importancia?

¿Viene de alguna mala experiencia que hayas tenido?

Vamos a revisar un poquito estas tres opciones.

Creencias de nuestras familias

Es inevitable que veamos la vida como nuestros padres la ven o, quizás, si estamos muy negados a como ellos han vivido, puede que estemos intentando hacer todo lo contrario.

Ninguno de los dos caminos es acertado. Sin embargo, es lo que conocemos y allí está nuestro *chip* del inconsciente diciendo qué es lo que podemos y no podemos hacer; en qué somos buenos y en qué no; qué es lo que está a nuestro alcance y qué no.

Del modo en que haya vivido tu familia, los valores que hayan creado como clan, las situaciones que han debido resolver para sobrevivir, los acuerdos conscientes e inconscientes que han realizado, todo forma parte de ti y de cómo percibes la vida.

A eso tenemos que sumarle cómo has percibido tú misma los hechos que ocurrieron en tu niñez; las palabras que han quedado alojadas en tus pensamientos y que se han convertido en tu diálogo interior; el rol que "te ha tocado" dentro de tu familia. Todo lo que has vivido hasta el día de hoy compone el color con el que observas la vida e interpretas las situaciones que te suceden.

Cómo puedes estar siendo limitada por las creencias familiares para emprender de manera exitosa:

- Si tu familia siempre ha trabajado en relación de dependencia y la creencia es que es mejor la seguridad de ser empleado.

- Si tu familia ha tenido malos resultados financieros y ha perdido dinero por animarse a tener su propio negocio o emprendimiento.

- Si tu familia ha vivido siempre asfixiada en deudas para tratar de salir adelante y solo han trabajado y trabajado sin tener resultados.

- Si tu familia pertenece a la clase media, donde el común denominador de pensamientos es "tienen plata pero seguro andan en algo raro", "es muy difícil tener algo en este país", "es imposible llegar, a los otros les es más fácil", "hay que sacrificarse para tener algo", "el dinero no crece en los árboles", "lleva demasiado tiempo y esfuerzo, eso no es para nosotros" y otros ejemplos más. ¿Se te ocurre algún otro?

Si estas ideas, creencias, pensamientos, emociones son las que rondan en tu campo energético, seguramente no te animarás a emprender o lo harás tímidamente sintiendo culpa, miedo y una sensación de traición.

Comentarios desafortunados que te creíste

Suele suceder que en nuestra infancia y adolescencia recibimos muchas palabras descriptivas que nos provocaban dolor o vergüenza, acerca de nuestra personalidad, aspecto físico u otras características.

Aun de adulto suele suceder que recibimos nuevas palabras "cargadas" o las mismas que se intensifican, llegando al punto en que nos creemos que somos lo que los demás dicen que somos.

Por ejemplo, de pequeña, recuerdo que mi prima me decía que cantaba horrible y desafinaba mucho. Es verdad que tener buena voz no fue uno de los dones que me tocó recibir, pero esa burla bastó para que hoy en día huya de los karaokes y hasta que me costara cantarle canciones de cuna a mis hijos.

Ni hablar de las etiquetas que nos ponen en la escuela, nuestros amigos, en las actividades que realizamos y en los diversos grupos a los que pertenecemos. Quizás en uno somos "la buenita", en otro "la chistosa", en otro "la nerd" y así... Como bajo ese título encajamos en el grupo, nos comportamos de modo tal que no nos lo saquen y esto nos encasilla.

Aquí la cuestión es que le damos más importancia a lo que los otros ven en nosotros en vez de creer en nosotros mismos y reconocer que somos seres cambiantes por naturaleza. Quizás en alguna etapa o en algún momento te gustó hacer reír a los demás y ahora prefieras estar más introspectivo, como para darte un ejemplo.

Con respecto a los emprendimientos quizás escuchaste:

Que no eres bueno para la administración

Que los números no son tu fuerte

Que tus padres quebraron y a ti te va a pasar igual

Que es una mala idea

Que nadie va a comprar lo que ofreces

Que te volviste loco

Y otros tantos más.

¿Te suena alguno de estos ejemplos?

Malas experiencias

Todos vivimos experiencias que nos dejaron un sabor amargo, y no solamente en el recuerdo, sino que también nos han bloqueado algo dentro nuestro y ahora no nos animamos a volver a intentar. Son esas experiencias que nos marcaron fuerte y que no hemos procesado internamente, por eso al recordarlas, solo viene dolor.

Son, por ejemplo, esos intentos de emprender que no salieron como lo esperábamos; tomamos una mala decisión, nos endeudamos y no llegamos a cubrirlo con lo que generamos; alguien nos hizo un juicio, nos estafaron o nos robaron. Es escuchar de los demás el famoso 'yo te lo dije, y tú hiciste lo que quisiste'. Es una decepción que ha dejado una herida muy grande y que nos hace sentir que no vale la pena volver a intentarlo.

En este punto nos queda retomar esa herida, aceptar ese dolor y sanarlo. Revisar con una nueva mirada toda la experiencia para quedarnos con el aprendizaje y dejar drenar el dolor. Es darnos una nueva oportunidad, teniendo muy presente que el camino del emprendedor es "a prueba y error". Es la única manera.

Aunque sigas los consejos de todos los gurúes de finanzas, de *marketing*, de negocios, de emprendimientos, etc., ellos comparten su propia experiencia y tu tendrás la tuya. Y si estás atento y escuchas bien a todos los gurúes de negocios, todos comparten lo mismo en el siguiente punto: **hay que animarse a hacer**. En el hacer hay equivocación, pero solo fracasamos si nos damos por vencidos. Las caídas forman parte de nuestra experiencia, nuestra sabiduría.

Así que, si este es tu caso, has tenido una mala experiencia y te has quedado allí sin volver a intentarlo, te propongo que revises nuevamente la situación para ver qué es lo que necesitas aprender de allí y destrabes tus emociones para animarte a intentarlo nuevamente.

Como podrás ver, son varias las circunstancias que nos paralizan. Sin embargo, en las tres opciones que te comenté, se repite un común denominador: EL PODER DE TRASCENDER EL MIEDO ES TUYO.

No pretendas sentirte liberado del temor para dar el primer paso. Cuando hacemos, nunca nos sentimos completamente seguros y libres de miedo (al menos hablo por mí). Generalmente, salir de la zona de confort, hacer algo que no está dentro de lo que acostumbramos, genera cierta adrenalina que a muchos nos paraliza.

Espero que puedas animarte a ir más allá de esas limitaciones, de ese miedo, de esa parálisis y te animes a ver los tesoros que hay fuera de donde te encuentras, así como también las nuevas enseñanzas que irás aprendiendo en tu camino, a la salida de tu zona de confort.

Capítulo 7

Puesta en marcha. Implementación.

1,2, 3... ¡Acción!

¡Llegó el esperado momento! Ya tienes todo lo que necesitas. Ya has investigado y conocido el mercado donde quieres ingresar, ya conoces a tu cliente ideal y lo que vas a ofrecerle para hacerlo sentir único y especial. Ya te has ordenado internamente y armado la planificación efectiva con metas, *planner* y agenda en mano.

Te debes estar preguntando ¿y ahora qué? Pues ahora es tiempo de bajar tu proyecto del cielo y hacer que tenga raíces en la tierra. ¡Claro que sí!

Has llegado muy lejos y has realizado un trabajo excelente. Utiliza tus afirmaciones para ayudarte a trascender este momento, ahora sí que estás saliendo de tu zona de confort.

Revisa este *check list* para ver si tienes todo definido:

o Visión y misión
o Estrategia
o Plan de *marketing*

- o Plan de ventas y de compras
- o Plan de producción
- o Plan de recursos humanos
- o Plan financiero
- o Inscripciones impositivas y trámites legales
- o Profesionales que te asesoren
- o Cliente ideal + entrevistas a clientes potenciales
- o Transcripción de tus planes a tu agenda
- o Fecha de lanzamiento o de inauguración

Ten presente que todo lo que has realizado, además de servirte de guía para avanzar, también sirve para controlar el funcionamiento de tu negocio y realizar ajustes en tu planificación para adaptarla a nuevas necesidades que detectes o al constante cambio que sucede en el mercado y dentro tuyo.

Por ejemplo, yo comencé con todas las pilas a trabajar en mi emprendimiento de *coaching* queriendo orientarlo más hacia la consultoría *online* –ya que uno de mis objetivos era estar más tiempo en casa con mi familia–, pero resultó que al principio seguí las indicaciones de varios expertos en *marketing* digital y ello implicó muchas horas de capacitación, sumado a las horas dedicadas al desarrollo de contenido gratis, más otro tanto creando servicios que pudiese cobrar, más tiempo en las redes sociales… Necesitaba que mi día tuviese 48 horas para integrar mi nuevo emprendimiento a mi vida.

¿Conclusión? Elegí ir más despacio, readapté mi planificación para que me permitiese tener ese tiempo que quería pasar con mi familia y para ello tuve que estirar los tiempos en que quería ver resultados. Es decir, si quería brindar un curso *online* en octubre de 2018, como lo había planificado en enero, cuando hice mi revisión en el mes de junio, trasladé la fecha del curso *online* para el año 2019 y decidí que por el año 2018 mis principales ingresos vendrían del *coaching* 1 a 1 y de talleres presenciales.

Personalmente, me gusta brindar servicios de calidad y pensar en cada detalle que agradaría a mi ICA, por esa razón readapto mis planes para equilibrar todo mi ser y que este siga siendo mi lugar sagrado donde mi energía sigue vibrando alto para poder transmitir todo lo que amo hacer y no caer en la trampa del sistema, transformando mi sueño en una fuente de estrés y mala vibra.

¡Espero que mi ejemplo te sea útil! Te muestro cómo sería este proceso que acabo de describirte:

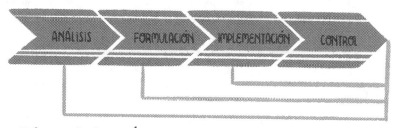

CLAVE PARA EL ÉXITO:
FLEXIBILIDAD Y ADAPTACIÓN

A partir del control, vuelves a revisar el análisis que has realizado, la formulación (plan de negocio) y la implementación para detectar dónde pueden estar las fallas a corregir. Te voy a dar unos ejemplos para que comprendas lo que puede suceder:

- Las ventas que presupuestaste son más bajas que las reales. Posibles causas: tu ICA no está bien especificado, el lugar elegido como punto de venta no es el adecuado, la estrategia de comunicación no está funcionando, puede que sea un mes de verano y la mayoría de tus clientes están de vacaciones, etc., etc. Debes determinar entonces qué acción puntual se realizará para corregir esta situación.

- Los gastos son más elevados que lo presupuestado y están generando pérdidas. Posibles causas: no se han tenido en cuenta gastos ocultos y estos son muy elevados, con lo cual habrá que revisar el detalle de caja para determinar de dónde viene el exceso de gastos. Otra causa puede ser que los gastos financieros por otorgar servicios como las tarjetas de créditos no se han tenido en cuenta y eso provoca la baja en la rentabilidad, etc.

- Te falta mercadería al momento de vender. Posibles causas: no has planificado bien las compras, los proveedores no cumplen el tiempo de entrega, el flete contratado no está entregando en tiempo y forma, no tienes lugar de almacenamiento porque las ventas son muy superiores a lo que habías planificado, etc.

Diagrama una rutina para tu nueva vida

Ya está todo en marcha. Ya has comenzado a trabajar de lo que tanto amas y empiezas una nueva etapa de tu vida porque has salido de tu zona de confort, has vencido tus miedos y tus prejuicios. Puede ser que te sientas muy emocionado y, a la vez, como haciendo equilibrio en el vacío, preguntándote y ¿ahora qué?

Lo que te sugiero para esta etapa es que puedas armar una rutina que te ayude a mantenerte centrado en ti mismo, en tu objetivo, en tu sueño. Que te ayude a mantener tu inspiración bien arriba para que brindes lo mejor de ti y también estés atento a las nuevas necesidades que te plantean tus clientes y que están entre lo que quieres brindarles.

Lo que no debe faltar en una sana rutina diaria es:

- **Alimentación saludable y energética**

Incorpora frutas, verduras, cereales y baja el consumo de carnes, azúcar y harinas blancas.

Comienza a escuchar tu cuerpo para observar cuáles son los alimentos que te mantienen con energía y cuáles son los que te hacen sentir pesado y sin ganas de hacer cosas.

Hoy hay mucha información de recetas fáciles y rápidas para poder comer más sano. También puedes recurrir a un nutricionista, a un *health coach* o a un médico ayurvédico. Como te dije, opciones hay muchas, pero la respuesta de lo que te hace mejor a ti, la tienes solamente tú.

- **Actividad física**

¿Qué es lo que te gusta hacer para cuidar tu salud y tu cuerpo? La actividad física oxigena nuestro cuerpo y lo mantiene joven y ágil. Elige algo acorde a tus gustos y personalidad.

Tienes la posibilidad de salir a caminar o trotar, asistir a un gimnasio con las múltiples opciones que hoy se ofrecen, seguir alguna de las guías que ofrecen en YouTube o tener un entrenador virtual.

Algo que personalmente te recomiendo, que me ha ayudado mucho en mi vida, en mi salud y en mi cuerpo es que busques un buen lugar para practicar yoga.

El yoga es una disciplina muy completa que une, integra el cuerpo, la mente y las emociones. Hay diversas corrientes, algunas son más meditativas y otras profundizan más en el trabajo corporal.

Lo importante es que encuentres la que mejor te sienta a ti. Lo único que humildemente aconsejo es que no hay una única verdad absoluta. Cada escuela de yoga tiene su propia verdad o creencia sobre la verdad y te enseñan de acuerdo a lo que creen. Tú tienes la posibilidad de probar si eso encaja con tu verdad interna a través de la práctica y mantenerte siempre fiel a tu escucha interior.

- **Meditación**

Sería fantástico que pudieras dedicar algunos minutos al día para realizar tu práctica de meditación. Ello te ayudará a mantenerte centrado, concentrado y más despierto para resolver las situaciones que se presenten, además de muchos otros beneficios que le otorga a tu salud.

Puedes realizar la meditación de las afirmaciones que ya vimos, también puedes repetir algún mantra, como por ejemplo el SO HAM. So mientras inhalas y Ham mientras exhalas, la repetición es mental.

Aquí tienes una sección dedicada especialmente a la meditación. Creo que con lo que ya te expliqué, más los *tips* que hay a lo largo del libro, es suficiente para que comiences a practicar.

En la meditación, como en todo, **'la práctica hace al maestro'**. Soy partidaria de que cada uno de nosotros tiene sus propias respuestas en su interior, pero estamos muy ocupados para escucharnos y es más fácil pedirle a otros que opinen sobre nuestra vida.

Intenta transformar la meditación como un nuevo hábito incorporado en tu rutina, no necesariamente tienes que hacer todos los días la misma rutina de meditación. Personalmente creo que no tendría sentido porque lo haríamos de manera mecánica para cumplir con la rutina y nada más. Ábrete a la infinidad de opciones, explora, conoce y conócete a través de esta hermosa herramienta.

- **La agenda, tu mejor amiga**

Como ya lo has visto en el capítulo anterior, es fundamental que seas organizado y cumplas con la planificación que has realizado.

En esta etapa, puede ser que requieras mucho tiempo para tu emprendimiento y debas dejar algunas cosas de lado, como reuniones con amistades, salidas, cenas, etc. Es solo un tiempo donde necesitas enfocar toda tu creatividad y energía en lo que estás creando.

También es muy importante que sepas decir NO, para no cargarte con actividades o responsabilidades extras a las que ya tienes establecidas. Busca tu propio equilibrio.

Si eres de los que siempre deja todo por ir a ver a ese amigo/a que rompió con su pareja, hacer los trámites que sus padres le solicitan o que siempre está comprometido para algo donde la prioridad la tienen los demás, puede ser complicado que tengas mucho tiempo para dedicarte a ti y a tu sueño... Si este es tu caso, tranquilo, se puede cambiar. Siempre podemos cambiar, lo importante es que puedas verlo y a partir de ahora, ya tienes herramientas para transmutar todo aquello que ha venido deteniendo tu avance.

Capítulo 8

¡LO ESTÁS HACIENDO!

Vamos llegando al final de este viaje, para poder continuar con otro. Al comenzar a leer este libro, quizás no sabías hacia dónde ir, qué hacer, qué te gustaba y que no, en qué eras bueno y en qué no. Pero has realizado un excelente trabajo de autoconocimiento para avanzar en tu desarrollo a través de compartir tus talentos con los demás y poder vivir de lo que te hace feliz.

El camino no es fácil. Vas a tener momentos en que vas a estar súper motivado y momentos en que vas a dudar si este es tu camino o no. Pero has elegido vivir desde lo que tu alma vino a compartir, a enseñar, a transmitir.

Estás trabajando desde otro lugar, elevando tu vibración. Por esa razón, mantén tu práctica espiritual, realiza tus afirmaciones, tus meditaciones, pregunta cuando tengas dudas, pide ayuda a aquello en lo que creas y espera que las respuestas llegarán. Puede ser que justo veas la respuesta en Internet, en un programa en la televisión o que una amiga te haga un comentario y allí esté lo que necesitabas. La respuesta siempre llega, solo tienes que estar atento a las señales.

Cumple con tu rutina diaria, te ayudará a desarrollar la constancia y también a cumplir los objetivos que te has propuesto. Si notas que algo ya no va más, que deseas cambiarlo porque te produce estrés o agobio, ¡cámbialo! Este es tu espacio, es tu vida, es tu decisión, es tu mundo. La consigna siempre es ESCÚCHATE, CONFÍA Y HAZLO.

Para asegurarme de que esta vez te vas a priorizar y vas a confiar en ti mismo, te propongo que firmes un contrato contigo, un compromiso de cumplir tus sueños, cumplir tus objetivos. Un compromiso a vivir una vida próspera, consciente y con propósito.

HOY_____ DE _____ DEL _____, YO _____.
ME COMPROMETO A SER HONESTO Y COHERENTE CONMIGO MISMO, A ESCUCHARME, RESPETARME Y AMARME.

A PARTIR DE LA FECHA, TOMO EL CONTROL DE MI VIDA PARA COMENZAR A MOLDEARLA SEGÚN LO DICTA MI ALMA. IRÉ SANANDO LO NECESARIO A SU TIEMPO, IRÉ INTEGRANDO LO QUE NECESITE, A MI TIEMPO, IRÉ APRENDIENDO LO QUE LA VIDA ME VAYA DEVOLVIENDO COMO ESPEJO DE LO QUE HAY DENTRO MÍO Y ENCONTRARÉ LAS PERSONAS PERFECTAS PARA ACOMPAÑARME EN ESTE PROCESO DE CRECIMIENTO.

ME COMPROMETO CONMIGO MISMO A REALIZAR MI PRÁCTICA PERSONAL Y ESPIRITUAL, A CUMPLIR LO QUE ME HE PROPUESTO EN ESTA GUÍA, A EVALUAR LOS AVANCES Y HACER TANTOS AJUSTES COMO CONSIDERE NECESARIO, PARA QUE NO SE TRANSFORME EN UNA CARGA MÁS PARA MIS HOMBROS, SINO QUE SEA UNA MOTIVACIÓN PARA CONTINUAR CRECIENDO Y APRENDIENDO.

SOY CONSCIENTE DE QUE TODO LO VIVIDO HASTA EL MOMENTO HA SIDO PERFECTO PARA MI EVOLUCIÓN Y POR ELLO DOY GRACIAS. TOMO LO QUE NECESITO Y SUELTO LO QUE ME PRODUCE DOLOR.

A PARTIR DE HOY SÓLO LO BUENO ENTRA A MI VIDA Y TODO LO QUE SUCEDA EN MI PROCESO, FORMARÁ PARTE DE MI EXPERIENCIA Y RIQUEZA DE VIDA, QUE DEVOLVERÉ A MODO DE SABIDURÍA PARA TODO AQUEL QUE ME ACOMPAÑE Y ME PRECEDA.

ME DOY GRACIAS A MÍ, A LA VIDA Y A LA DIVINIDAD QUE TODO LO HA CREADO PORQUE ASÍ ES.

FIRMA: _____

Espero que hayas disfrutado del viaje propuesto en este libro. Espero que hayas podido descubrir algo de ti, que hayas creado el emprendimiento de tu sueños y estés listo para ese nuevo viaje que aquí comienzas.

Me gustaría verte pronto por ahí, en las redes sociales, en los *mails*, en los comentarios del *blog*. Recuerda que puedes encontrarme en Lalyfernandez.com.

También me encantaría que te sumes a mi grupo de Facebook Me Conozco Luego Emprendo y compartas tu experiencia, tus dudas, tus desafíos.

Quiero invitarte, además, al Master Training Me Conozco Luego Emprendo. Este es un entrenamiento intensivo de 60 días donde realizamos todos los pasos que has encontrado en el libro. ¡Es fabuloso el *networking* que se logra en este entrenamiento!, las amistades que surgen, los proyectos y emprendimientos que vemos nacer juntos, y todo lo que aprendemos. Puedes ver un poco más de qué se trata en Lalyfernandez.com/trabajaconmigo/mastertrainingmcle.

Tú eres mi inspiración, lo que me motiva a ser mejor cada día y a seguir aprendiendo para poder seguir compartiendo contigo. ¡¡Sigamos creciendo juntos!! Hasta nuestro próximo encuentro y que todos tus sueños se concreten haciendo de este mundo un lugar mejor. Bendiciones.

Bibliografía

Usted puede sanar su vida – Louise L. Hay

El poder está dentro de ti – Louise L. Hay

El maravilloso universo de la magia – Enrique Barrios

Cómo dirigir una pyme – Jorge Daniel

Máster en negocios – Clarín, iEco, MateriaBiz

Secretos de una mente millonaria – T. Harv Eker

Las 7 leyes espirituales de éxito - Deepak Chopra

El poder del ahora – Eckhart Tolle

Un curso de milagros – Foundation for Inner Peace

El amor del espíritu - Bert Hellinger

Vivir en la luz - Shakti Gawain

Visualización creativa - Shakti Gawain

Páginas web recomendadas

Negocios *online* y *marketing* digital:

Naylanorryh.com

Ximenadelaserna.com

Marieforleo.com

Lauraribas.com

Carolinamillan.com

Deangraziosi.com

Estilo de vida

Luanaliving.com

Alejandraplaza.com

Louisehay.com

Dianalopeziriarte.com

Tonyrobbins.com

Sobre el Autor

Laly es una mujer común que se animó a hacer cosas diferentes. Ella es de Argentina, de la ciudad de Villa María, ubicada en la provincia de Córdoba. Mamá de 4 hijos, contadora pública, dueña de una empresa que fundó con su esposo cuando tenía apenas 20 años, Co-fundadora del Círculo de Mujeres Emprendedoras. Dirige su portal web lalyfernandez.com, donde comparte información de calidad para guiar a las mujeres en su proceso de transformación y en la creación de sus negocios. Brinda también, talleres y capacitaciones presenciales y on-line a mujeres de todas partes del mundo.

Además de ser una apasionada por los negocios, Laly tiene un gran compromiso por el despertar de la consciencia y la integración del mundo de los negocios con el mundo espiritual.

Cree firmemente que a través de los emprendimientos y los negocios, podemos evolucionar como almas y también como sociedad. Hacia una sociedad más amorosa, inclusive y justa.

Ella es instructora y coach certificada Heal Your Life. Sus enseñanzas están muy marcadas por la Filosofía de su Maestra Louise Hay, haciendo foco en el amor propio para todo lo que se vaya a emprender en la vida. Continúa capacitándose y aprendiendo siempre, para integrarlo en su vida y compartirlo con los demás.

Su pasión por los negocios y por acompañar a las mujeres a vivir una vida próspera, consciente y con propósito, la llevó a escribir este libro y autopublicarlo en su país con un gran éxito y muy buenas devoluciones de parte de quienes lo han leído y aplicado en sus vidas.

Me Conozco Luego Emprendo, llego en formato digital a más de 12 países y el recurrente pedido de poder acceder a su versión papel, llevó a Laly a realizar esta publicación internacional, introduciendo mejoras a su primer y segunda edición.

Su misión es motivar a las mujeres a escuchar su corazón, confiar en su sabiduría interior y ponerse en acción para vivir una vida próspera, consciente y con propósito. Sus enseñanzas siempre integran Autoconocimiento, Crecimiento Personal y Herramientas de negocios. Integrando el cielo (trabajo interior) con la tierra (el hacer para la manifestación de lo nuevo que se quiere crear en la vida)

Corramos la voz, apoyémonos como comunidad humana. El cambio comienza en nosotros, en cada uno de nosotros. Seamos participes y responsables de nuestra vida y contagiemos a más personas a vivir una vida próspera, consciente y con propósito.

Printed in the United States
By Bookmasters